어쩌다 청와대 공무원

어쩌다 청와대 공무원

이병군 지음

문 재 인 　 정 부
공 직 기 강 비 서 관 의
청 와 대 　 이 야 기

갈마바람
Galmabaram

이병군 변호사는 젊은 시절 나와 함께 법정을 다니며 우여곡절을 많이 겪었다. 공직을 잘 마치고 다시 서초동에 자리 잡았다 하니 반갑고, 세월이 유수와 같음을 느낀다.

이 변호사의 청와대 속 이야기를 들으며, 우리 정치권이 정적 죽이기가 아닌 국민을 위한 매니페스토 정책 경쟁에 매진해야 함을 다시 한번 절감한다.

── 사회운동가, 변호사 강지원

어떤 이는 지금이 혼돈의 시대라 하고, 어떤 이는 치욕과 수모의 시대라고 합니다.

정권 교체 이후 납득할 수 없는 이유로 청와대라는 공간이 일방적이고 정치적인 잣대로 재단되는 상황이 이러한 판단을 더욱 곱씹어보게 하는 근거가 되기도 합니다.

이 책은 이병군 변호사가 경험한 5년간의 문재인 정부 청와대의 모습과, 예사롭지 않은 관점을 지닌 한 변호사가 청와대 공직자로 살아가며 고민한 흔적이 쉽고 재미있는 글로 엮인 소중한 성과입니다.

이병군 변호사의 진심만큼, 역사와 국가의 미래를 고민했던 '문재인 정부 청와대'의 가감 없는 모습이 많은 분들에게 의미 있게 다가갈 수 있을 것입니다. 아울러 정권 교체 이후 숱하게 남발되는 '압수수색'을 걱정하면서도 할 말은 반드시 해야겠다는 이 변호사의 결기가 그 특유의 인간미와 어우러져 진솔하고 흐뭇하게 다가옵니다.

제 짧은 경험과 비교할 수 없는 풍부한 경험과 추억을 남긴 이병군 변호사의 혜안과 글솜씨에 감탄하면서, 이 책이 마지막까지 '문재인 정부 청와대'를 지켰던 지은이의 책임감과 자부심을 통해 많은 궁금증에 답할 수 있을 것으로 믿습니다. 무겁지만 소중했고 진지했지만 즐거웠던 그 기억을 함께하며, 우리는 분명 힘든 날을 이겨낼 것입니다.

—— **전 공직기강비서관, 국회의원 최강욱**

문재인 정부 청와대에서는 50여 개의 비서관실이 각자의 업무 영역에서 정부의 성공을 위해 최선을 다해 헌신했다. 어느 하나 빼놓을 수 없는 중요한 역할이지만, 특히 공직기강비서관은 직원 감찰과 고위공직자 검증을 담당하는 무겁고 엄중한 자리다. 이병군 변호사는 경직될 수밖에 없는 업무를 따뜻한 균형감각으로 엄정하고도 유연하게 수행하는 모습을 보여줬다.

이 책에 풀어놓은 청와대 이야기는 5년 가까운 기간 동안 새벽 출근을 하며 겪은 산더미 같은 보고서, 수많은 회의, 지하 구내식당 등 일상에 관한 유쾌한 야사野史인 동시에 70년 국가 최고 권력기관이 가진 무게와 공허함에 대한 성찰, 그리고 국가권력의 존재 이유를 묻는 정사正史이다.

─ 전 민정비서관 이기헌

대한민국 대통령이 근무하는 청와대가 사라졌다. 우리 국민에게는 물론 해외에서도 대한민국 정부를 상징하던 웅장하면서도 단아한 파란 기와지붕 건물이 한순간에, 어떠한 준비나 국민적인 공감대도 없이 일제가 만든 '창경원' 같은 관광지로 바뀌어버렸다.

묘한 모욕감이 들었다. 그 공간은 결코 특정 대통령이나 짧은 기간 근무하며 거쳐가는 사람들의 사적인 공간이 아니기에, 정권이 바뀐 것과는 또 다른 스산한 느낌이 들었다. 그 공간에서 일했던 5년여의 소중한 시간이 한순간의 꿈처럼 느껴져, 더 늦기 전에 무언가 작은 의미라도 기록으로 남겨두어야겠다는 생각이 들었다.

처음 문재인 정부 청와대에 들어가 국가 운영에 관련된 여러 가지 정보를 접했을 때는 잘 기록하고 기억하겠다고 마음먹었지만, 이런 생각은 불과 며칠 만에 가급적 기록하거나 기억하지 말고 잊자는 것으로 바뀌었다. 어차피 대통령기록물로 남을 일들인데, 아무리 중요한 정보인들 나의 개인적 일상이나 행복과는 아무런 관계 없는 고달픈 '업무'들을 굳이 기록하고 기억할 필요가 없다고 여겼기 때문이다. 그래서 청와대를 나오면서 몇 년간의 업무수첩도 미련 없이 파쇄기에 던져 넣었다. 긴장 가득했던 업무는 모두 잊고 좋은 추억만 남기고 싶었다.

　그런데 새정부가 들어선 후 세상 돌아가는 일이 너무 험악하다. 정치적 기반의 빈약함을 지난 정부에 대한 모욕과 흠집 내기로 만회하려는 모습에 헛헛한 마음을 넘어 분노의 감정마저 생겨난다. 애써 기억하려 하지 않고 무심히 지내왔던 시간에 대해 개인적 복기라도 필요하겠다는 생각에 펜을 든다.

　무슨 은밀한 일을 공개하여 센세이션을 일으키고 세상을 소란스럽게 할 이유나 의도는 '1'도 없다. 비밀은 아니지만 국민들에게 잘 알려지지 않았던 청와대 직원들의 일상적인 업무와 문재인 정부 청와대가 추구했던 가치를 공유한다는 데 의미를 둘 뿐이다.

내향적이고 다소 보수적이기까지 한 변호사가 문재인 정부에 입성하기까지의 과정, 그리고 청와대 공무원이 되어 그 안에서 5년 가까운 시간에 겪은 크고 작은 일들에 대해 기억을 되살려본다. 청와대에서도 은밀한 공간인 국가안보실 '지하 벙커'에 있는 사이버안보비서관실에서 첫 근무를 시작해, 가장 강력한 권력이라고 하는 민정수석실 소속 반부패비서관실과 공직기강비서관실을 거쳤다. 행정관, 선임행정관, 비서관의 세 가지 직위를 거치며 비교적 다양한 관점과 에피소드들도 경험할 수 있었다. 그 개인적 이야기와 소감을 풀어놓으면서도 나 역시 평범한 시민의 입장에서 궁금하게 생각하던 것들을 작은 부분까지 기록했으니, 독자들이 청와대라는 대통령 보좌 기관이 운영되는 방식을 미시적으로 이해하는 데 작은 도움이 되지 않을까 싶다.

우리가 고궁을 관람하는 것은 단지 오래된 목조 건물 그 자체를 감탄하기 위해서가 아니라 그 속에 담긴 왕조의 흥망과 선조들의 숨결을 느끼기 위해서다. 청와대라는 공간에서 어떤 사람들이 어떻게 일했는지를 들여다봄으로써 국가 최고 정책 결정 기구에 대한 이해의 폭이 더 넓어지리라 생각한다.

아울러 권력을 함부로 남용하지 않고 한발 앞서 미래를 준비하던 좋은 리더와 그를 보좌하던 기관의 업무 스타일도 조금 더 이해할 수 있지 않을까 싶다.

청와대는 상업용 잡지 모델이 누워 패션 사진을 찍는 그런 공간이 아니라고, 대한민국의 현대사를 이끌어낸 대통령들과 그 참모들이 치열하게 고민하며 국민들을 섬기던 피, 땀, 눈물의 공간이고 숭고한 역사의 현장이라고 말하고 싶다.

미세먼지로 뿌연 하늘이 좀 맑아지기를,

다시금 자랑스러운 리더, 행복한 선진국 대한민국의 시간이 오기를 기다린다.

차 례

1장

청와대에 들어가기까지

✦

사상 전향?

✦

✦

"쾅!!"

　내가 노무현 대통령의 서거 뉴스를 접한 것은 변호사 생활을 시작한 지 몇 년 되지 않은, 작은 로펌의 고용 변호사로 일할 때였다. 평범한 새내기 변호사로 바쁜 업무에 하루하루 고되게 살아가며 정치적인 이슈에 그다지 큰 관심이 없던 내가 주먹이 깨지도록 자동차 유리창을 강하게 내려쳤다. 강한 울분을 참을 수 없었다. 아팠다. 그에게 투영시켰던 민주적 리더십이 죽음을 당한 순간이었다.

"가만히 있지 않겠다. 작은 것이라도 뭐든 하겠다. 방관하며 살지 않겠다."

고교 시절 신문에 자주 등장하던 'TK'라는 용어의 의미를 선생님에게 질문했다가 그 답을 듣고 참 부끄러웠다. 충청도 촌구석의 철모르는 고등학생의 생각에도 어른들 세계가 한심하고 부끄러웠다. 서북민을 천시하던 조선시대의 계급사회도 아니고, 국민이 대통령과 국회의원을 직접 선출하는 민주국가에서 한 나라의 지배 세력이 특정 지역의 사람들로 편중되고, 특정 지역의 사람들은 개발에서 소외되는 것을 넘어 불가촉천민처럼 편견에 시달리다니 도무지 이해할 수 없을 뿐더러 비상식적인 노릇이었다. 그런데도 어른들은 이런 세상을 자연스럽게 받아들인다는 게 도무지 이해되지 않았다.

그래서인지 나는 성인이 된 후, 지역감정에 맞섰던 정치인 노무현을 그렇게 좋아했었던 것 같다.

나는 MBTI의 모든 항목 중에서 'I'가 가장 두드러지는 내향형 인간인지라, 좀 쑥스럽지만 본격적인 이야기에 앞서 청와대에 들어가기 전의 내 이야기를 먼저 하려고 한다.

나는 1992년도에 대학에 입학했다. 1991년 말, 즉 소비에트연방 '소련'이 해체되고, 1992년 말 문민정부인 김영삼 정부가 출범하면서 학생운동의 시대가 저물어가던 시점이었지만, 여전히 대학 신입생 수련회에서는 선배들의 '이념 교육'이 이루어지고 있었다. 하지만 무겁고 거창하거나 강압적인 분위기는 아니었고, 〈파업 전야〉 같은 노동운동 영화를 보거나 책을 읽고 토론하는 정도였다. 그나마도 내가 참석한 수련회에서는 비디오테이프가 고장 나 영화를 제대로 상영하지도 못했다.

노태우 정권 시절의 평범한 '보통사람들'이 그렇듯, 비교적 모범생이었던 나도 법질서를 벗어난 행동을 매우 싫어했기 때문에, 시위를 주도하고 선동하던 선배들이 간혹 이념 교육이라도 할라치면 반감이 컸고, 때로는 대거리하며 논쟁을 벌이기도 했다. 학생회장을 무슨 교주처럼 과도하게 떠받드는 운동권 문화에도 적잖은 반감이 있었다.

대통령을 국민이 직접 선택하는 민주적 선거제도가 정착되고 사회주의가 몰락한 시기에 정권 타도를 외치거나 사회주의를 지향하는 듯한 학생운동의 구호는 극단적이고 맹목적이며 공허하다고 생각했다.

한번은 철도노조 총파업으로 학교에 노동자들이 들어와 며칠을 강의실 등에서 기거했던 적이 있다. 나는 그곳으로 목검을 들고 가 "왜 정당하게 법에 정해진 수단으로 싸우지 남의 학교에 들어와 학생들 공부도 못하게 밤새 술 먹고 떠드느냐, 내 부모도 지극히 가난한 민초들이지만 이렇게 무질서하게 다른 사람을 방해하며 살아가지는 않는다"라고 소리 지르며 강의실에서 나가라고 다투기도 했다.

〈아름다운 청년 전태일〉이라는 영화를 보면서도, 지루하기만 할 뿐 무슨 숭고한 감동을 받거나 정의감에 찬 울분 같은 것은 솟아나지 않았다. 나 자신이 고단한 육체노동자의 아들이었음에도 우리 사회가 스스로 열심히 살아가면 되는 자본주의 사회라고 생각했을 뿐, 사회의 구조적인 불평등이나 거대 자본의 부당한 착취 문제 같은 것에 관심을 두지 않았다.

그러한 약간의 보수적인 성향은 지금도 변함없지만, 법을 공부하면 할수록 법이라는 것은 그 내용이 공정하든 불공정하든 사회구조를 고착시키고 방어할 뿐이며, 부조리한 사회구조를 변화시키고 개선시키지는 못한다는 것을 조금씩 경험하게 되었다. '법대로'라는 말이 어떤 경우에는 가장 불공정한 말일 수 있다는 현실을 뒤늦게야 조금 알게 된 것이다.

뜨겁게 젊은 날을 살다 덧없이 세상을 등진 법대 선배가 읽어보라고 준 조영래 변호사의 책『진실을 영원히 감옥에 가두어 둘 수는 없습니다』는 '법대로만 하면 되지 뭐가 문제야?'라고 생각하며 살던 새내기 법학도의 뒤통수를 강하게 후려쳤고, 당시 대학생 필독서였던 유시민 작가의『거꾸로 읽는 세계사』도 역사를 읽는 다른 관점을 알려주었다. 허영만 작가의 『오! 한강』은 허구의 창작일망정 극한의 대립과 갈등으로 점철된 한국 현대사 속에서 이념적 탈출구를 찾아가는 예술가의 깊은 고뇌와 갈등을 감동적으로 보여주었다. 이런 책들을 접하며 세상을 보는 나의 눈은 조금씩 변해갔다.

교회와 비디오

현재 한국 기독교는 물신주의와 대형화, 세습, 극우적 정치 활동과 일부 유명 목사들의 부도덕한 행위로 사회적 지탄의 대상이 되고 있지만, 과거에 우리나라의 독립운동과 근대화뿐만 아니라 민주화에도 큰 역할을 했던 것은 사실이다.

1980년대 중반 중학생 시절, 나는 학교생활 이외의 거의 모든 시간을 교회에서 보냈다. 특별히 신앙심이 깊어서라기보다는 집에 나만의 물리적·심리적 공간이 없었기 때문에, 예배나 행사가 없어도 교회에 가서 혼자 공부하고 기도하고, 때론 친구들과 기타 치고 노래 부르는 아지트로 삼았다.

방학이 되면 며칠 밤을 자기도 하며 살다시피 한 교회는 나의 도피처요 해방구였다. 문틈으로 카드 같은 것을 넣어 잠긴 문을 여는 것도 그리 어렵지 않아 무슨 큰일이라도 해낸 것처럼 뿌듯해하며 문을 따고 들어가 혼자 시간을 보내곤 했다.

어느 날, 평소처럼 나 혼자 있던 교회 3층 공간에 어른들이 몇 명 들어오더니 조심스레 문을 잠그고 커튼을 친 후 비디오테이프를 틀었다. 그 전에 누군가가 나를 내보내려 했지만 나는 못 들은 척 딴짓을 하며 버텼다. 내가 먼저 와서 조용히 나만의 시간을 보내고 있었는데, 어른들이 나가란다고 순순히 따를 수는 없었다. 더군다나 무슨 공식 행사도 아닌 것 같았고, 문을 잠그고 커튼까지 쳐가며 당시 구경하기도 쉽지 않던 비디오를 보려 하는 데 호기심이 발동해, 순진한 척 모르는 척 조용히 끼어 앉아 있었다. 어른들은 세상 물정 모르는 어린 학생이니 별문제 없을 거라고 생각했는지 단념한 듯 비디오테이프를 틀었다.

스토리도 주인공도 없는 그 영화에서는 군인들이 사람들을 때리고 뒤쫓고 총을 쏴댔다. 탱크가 등장했고, 피 흘리며 죽어가는 사람들이 있었다. 시체들이 여기저기 널브러져 있었다. 외국이 아니라 우리나라에서 우리나라 사람들에게 벌어진 일이었다. 비디오테이프를 가져와 틀었던 신학생 전도사는, 그 장면들은 고정된 자리에서 촬영된 것이 아니라 도망가면서 화면에 비치는 대로 촬영된 것이기 때문에 화면이 계속 흔들리는 거라고 설명했다. 이런 설명까지 기억에 남아 있는 것으로 보아 꽤 충격이 컸던 것 같다. 오래도록 머릿속에 맴돌던 그 충격적인 장면들이 광주민주화운동 현장을 촬영한 것이었다는 사실을 대학생이 되고 나서야 알았다.

권력자의 무력 앞에서 법이라는 것이 무슨 의미가 있는가. 법치주의라는 용어는 아직도 권력의 남용을 제한하는 원리가 아니라 국민의 기본권을 제한하는 의미로 사용되고 있다. 산업화와 민주화를 모두 겪어내고 선진국의 반열에 이른 지금도 우리나라에서 법치주의라는 용어만은 여전히 '국민들은 법을 어기면 처벌받는다'는 공포 통치의 의미로만 사용되고 있는 것이 안타까울 따름이다.

나는 아직도 나를 보수주의자라거나 진보주의자라는 말로 정의하지 못한다. 보수적이었던 대학생이 법과 역사를 공부하고 사회를 겪어가면서 진보적으로 사상을 전향했다고 고

백하기에는 무언가 민망하고 어색하다.

그저 세상일과 그때그때의 정치적 이슈에 대해 이랬다저랬다 흔들리고, 무슨 이념이나 주의로 사람의 성향을 나누는 것을 어색해하는 '이리저리 흔들리며 생각하는 갈대'에 불과한 듯하다.

내가 경험한 문재인 정부에 대해서도 누구는 보수라 하고 누구는 진보라 하지만, 그저 '평화와 공존'을 추구했던 정부라고 칭해주면 좋겠다. 내가 대표성을 가지고 있는 것은 아니지만, 함께 일했던 사람들 대부분이 그런 마음으로 일했다. 그래서 기쁜 마음으로 일할 수 있었다.

인권 변호사 K

✦

IMF 구제금융의 한파가 대한민국을 강타하던 즈음에 대학을 졸업했다. 집안 형편이 어려웠음에도 다행히 모 장학재단의 장학생으로 선발되어 대학은 마칠 수 있었지만, 졸업 이후 고시 공부는 쉽지 않았다. 학원 강사와 고시 공부를 병행하며 여러 번의 2차 시험을 치른 끝에 2004년 가까스로 사법시험에 합격했다.

마지막 시험을 치르고 결과 발표가 있기 전에 '교회 오빠'보다 무섭다는 '교회 누나'와 결혼했다. 시험에 합격하면 나의 집에서 반대할 것 같았고, 시험에 떨어지면 '누나' 집에서 반대할 것 같았다. 자식을 굳게 믿어주는 양가 부모님들이었지만, 아무래도 결과가 발표된 이후에는 모두가 만족하며 기쁘게 결혼식을 추진하기가 쉽지 않을 듯해 최종 발표 전에 서둘러 결혼식을 올렸다. 그때의 결정이 묘수가 아닌 실수였다고 아내와 간혹 농담을 주고받는다.

수재들이 치열하게 경쟁한다는 사법연수원 생활을 다소 여유롭게, 나름으로는 즐겁게 마치고 어렵사리 작은 로펌에 취업했다. 몇 주 후 출근을 앞두고 우연히 K변호사 사무실의 모집 공고를 보게 되었다.

"우리는 가해자의 사건은 대리하지 않습니다. 억울한 피해자들을 위해 함께 의미 있는 일을 할 변호사를 모집합니다."

정의감 충만하던 '교회 누나'가 적극적으로 권했다. 좋은 꿈을 꾸었다나 어쨌다나, 돈보다 의미 있는 일을 하라고 부추겼다. 그 '꿈' 이야기는 듣기 싫었지만, 명을 어길 수 없어 K변호사 사무실을 찾아가 면접을 보고 기록시험까지 치렀다.

그리고 어렵게 취업하여 이미 방문 앞에 명패까지 달아두었던 법무법인에 양해를 구하고, 첫 출근도 하기 전에 직장을 옮겼다. 그렇게 나는 청소년보호위원장을 지낸 인권 변호사 밑에서 첫 변호사 생활을 시작했다.

K변호사님은 당시 돈이 되는 사건보다는 공익적인 사건을 주로 취급했다. 스스로를 '청소년 인권 사회운동가'라고 정의하는 분이었다. 그래서인지 내가 접하는 사건은 초년차 변호사가 기존의 법 논리와 판례로는 해결하기 어려운 억울함과 한과 피가 묻어 있는 난감한 사건들, 감당하기에 벅찬 재판들이었다.

집단 따돌림과 괴롭힘을 견디다 못해 "죽어서 복수하겠다"면서 자살한 여중생의 일기장을 보며, 기업사냥꾼에게 사업체를 빼앗기고 세상을 등진 사장의 한 맺힌 유서를 보며, 어느 날 홀연히 사라진 어린아이들이 오랜 시간의 기다림 끝에 백골로 돌아와 온 국민이 안타까워했던 개구리 소년 사건 부모의 절규를 보며, 몹쓸 짓을 당하고도 수사기관으로부터 2차, 3차 가해를 당한 소녀의 사연을 읽으며 사건 기록에 눈물을 뚝뚝 흘렸다.

예나 지금이나 법률가들은 대법원 판례를 금과옥조로 여

겨 판례를 바꾸어내려는 시도는 여간해서 하지 않는다. 사건 하나하나의 구체적 타당성보다 법률 체계 전체의 안정성을 우선하는 게 사법이라는 제도의 어쩔 수 없는 한계다.

처음 법과대학에 입학했을 때는 5년 정도 지난 판결을 '최근 판결'이라고 설명하는 것을 보고 놀랐으나, 나중에는 나도 교수가 되어 그렇게 학생들을 가르치고 있었다. 사회는 과거에 비해 급격하게 변하고 분쟁의 양상이나 의미도 시시각각 변해가는데, 한번 형성된 대법원 판례는 오랜 시간 동안 변함없이 재판의 기준이 되고, 판례를 바꾸는 일은 지독히 어려운 싸움이다.

특히나 인권과 관련된 사건, 자살 사건의 경우 피해자나 유족이 겪는 고통은 매우 큰 반면 법적으로는 인과관계를 입증하기가 너무나 어렵다.

법정에서 상대방 변호사보다 판·검사와 다툼을 벌이는 것으로 명성이 자자했던 K변호사님은, 법정에서 한바탕 목소리를 높여 싸움을 하고는 허허 웃으며 나에게 이야기하곤 했다. "나 같은 늙은이니까 이런 사건 맡아서 소리치고 싸우지, 자네는 이런 거 보고 배우지 말게."

감당하기 어려운 사건의 난이도와 과중한 업무량에 심신
이 지쳐 결국 나중에 이직하기는 했지만, 마음속으로는 늘 깊
은 존경과 감사의 마음을 가지고 있었다. 사회 초년생 변호사
를 높은 이상과 깊은 애정으로 가르쳐주신 좋은 멘토였다.

K변호사님, 세월이 참 빠르네요. 건강히 잘 계시지요?

문재인 선배, 선거운동의 언저리에서

문재인 '선배'는 대학 동문들 사이에서 평판이 그리 좋지 않았다. 참여정부 시절 청와대에서 잘나갈 때 동문들을 도와주고 특히 검찰을 비롯해 공직에 있는 동문들을 요직으로 끌어줄 수 있었는데도 그렇게 하지 않았다는 것이 그 이유였다. 어떤 사람은 고등학교 후배라면서 문재인 민정수석을 찾아갔다가 학연을 내세워 찾아왔다는 이유로 공적인 자리에서 냉대를 받았다는 소문도 있었다.

내가 얼굴도 본 적 없는 까마득한 선배를 동경하게 된 것은 오히려 동문들로부터 그러한 평판을 들었을 때부터였다.

한국 사회에서 학연과 지연의 끈들은 사적인 영역에서 허물없는 유대감을 형성해주는 좋은 어울림 기능도 발휘한다. 그리고 공적인 영역에서도 선후배 간에 서로 친근감을 갖게 해주는 편안한 연결 고리가 되는 긍정적인 면이 큰 것이 사실이다. 심지어, 내가 택시를 탔을 때 기사님이 자신도 문재인 대통령의 선배라고 하기에 같은 고등학교를 나오셨느냐고 물었다가 '부산 선배'라는 대답에 아연실색한 경험도 있다.

어쨌든 나는 그러한 연고 문화가 단순한 친밀함을 넘어 공적 영역을 과도하게 좀먹고 사회를 후진적으로 만든다고 생각해왔던 터라, 권력의 중심에서 그런 것을 거부한다는 이유로 욕먹는 선배가 있다는 게 존경스러울 수밖에 없었다. 결코 권력을 사적으로 사용하지 않는다는 말이 아니겠는가!

2009년, 변호사 생활 3년차쯤 되던 해에 노무현 대통령이 서거했다. 얼굴 한 번 뵌 적 없지만 그분이 품었던 이상과 가치에 내가 생각하던 민주적 리더십의 모습을 투영시켜 가치를 동일시해왔던 나는 참을 수 없는 큰 분노를 느꼈다. 텔레비전으로 중계되는 장례식에서 문재인 비서실장이 보여준 극한의 인내와 절제된 모습 역시 가슴 먹먹한 고통을 안겨주었다.

이후 이명박 정부의 퇴행을 바라보면서 가슴이 매우 답답했다. 경제적 이익을 추구하기 위한 사적인 목적으로 권력을 사용하며 흰 것을 검다고 말하는 사회였다. 그러고도 "도덕적으로 완벽한 정권"이라 자화자찬했다.

사회현상에 일말의 직업적 책임이 있는 변호사로서 작은 역할이라도 해야겠다고 생각하며 살던 차에, 2012년 12월 대통령선거를 앞두고 우연한 기회에 동기 변호사의 제안으로 민주당 문재인 후보 법률지원단에 참여하게 되었다. 평소 깊이 동경하던 선배를 도울 수 있어 자원봉사 자체가 기쁨이었고, 후보를 직접 만날 일은 거의 없었지만 각종 민·형사 사건에 후보의 대리인 변호사로 이름을 올리고 법정에 출석하는 일이 영광스러웠다. 신이 나서 일했다.

당시 나는 법률지원단에서 좋은 사람들을 많이 만났는데, 나중에 이분들 중에서 청와대 비서관, 수석, 국회의원 등이 배출되었다. 특히 법률지원단장은 검찰 출신의 변호사였는데, 인품이 참 훌륭했던 데다 개성 강한 변호사들을 잘 보듬어 사람들의 신망이 두터웠다. 문재인 후보의 곁에 인격적으로 좋은 사람들이 많아 좋은 결과를 얻을 수 있겠다는 생각이 들었다.

선거를 준비하면서 NLL 대화록 사건, 국정원 댓글 사건,

이정희 통합진보당 후보의 방송 토론 사건 등 많은 일들이 벌어졌다. 모두가 실체적 진실과 관계없이 구도 면에서는 민주 진영에 악재였는데도, 선거일에 개표를 앞두고 민주당사는 기대와 흥분으로 가득 차 있었다. 만족스러운 모습은 아니었으나 안철수 후보와의 막판 단일화도 기대감을 더해주었다.

그렇게 모두들 승리를 기대하던 2012년 선거였지만 법률지원단장은 "질 수도 있다. 하지만 지더라도 원칙을 지키며 일하고 정도에서 벗어나면 안 된다"라는 다소 부정적인 말을 자주 했다.

당시 '저분이 왜 자꾸 저런 말을 하나' 하고 생각했는데, 결과는 석패였다. 개인적으로는 2022년 정권 교체보다 더 참혹했다. 이명박 정부의 퇴행을 보고도 국민들이 보수 정부를 선택했다는 데에서 느낀 실망감은 말로 다 할 수 없었다.

하지만 어쩌겠는가. 다수의 국민들은 박근혜라는 강력한 개발독재 권력의 상징을 산업화의 유산으로 여겨 대한민국의 리더로 선택했다. 그보다 더 강한 보수 세력의 상징은 없었다. 논리적인 언어 구사가 잘 안 되는 사람이었지만, 대중에게 선거는 논리가 아니라 상징이고 이미지였다.

선거 패배 이후 공격적이고 편파적으로 진행된 관련 소

송과 법적인 이슈들을 뒤처리하는 게 법률자문단 소속 변호사들의 역할이었다. 선거운동에서 법률가의 역할은 제한적이고 보조적이지만, 패배한 선거의 후유증을 마무리하는 것은 주로 법률가였다. 생업을 위한 변호사 일에 추가로 얹어지는 자원봉사와 다름없는 사건들을 처리하는 것은 쉽지 않았다.

나는 실망감을 잔뜩 안고 폭설로 덮인 태백산을 혼자 오르며 낮은 목소리로, 한숨 섞인 중얼거림으로 기도했다.

"저는 지금 어디로 가고 있는 겁니까. 우리 사회는 지금 어디로 가고 있는 겁니까. 대한민국은 정말 괜찮은 겁니까."

요즘 다시 한번 그때와 비슷한 업무를 하고 있고, 비슷한 감정을 느낀다. 집권 세력과 한 몸인 수사 권력의 공격은 한층 더 노골적이고 강력하고 광범위해졌다.

✦

촛불을 들고

✦

✦

2012년 선거 패배 후, 나는 두문불출하며 생업인 변호사 일에 몰두했다. 가급적 정치권의 일들이나 뉴스에 대해서는 눈을 감고 귀를 막고 살았다. 제도적인 민주주의가 정착된 사회이니 대통령이 누가 되든, 어느 세력이 집권하든 개인의 일상에는 큰 영향이 없다고 생각하려고 했다.

　그러던 중 세월호 사건이 발생했다. 가족들의 고통은 말할 것도 없겠지만, 국민들 역시 너무나 깊은 상처를 입었다. 대통령이 누가 되는지, 집권 세력이 어떤 가치를 추구하는지는 개인의 생활과 무관한 것이 아니라 국민 개개인의 생명과 안

전에 직접적인 영향을 미친다는 걸 여실히 보여준 참사였다.

　사건 사고는 언제나 발생한다. 항시적으로. 정부가 그것들을 일으켰다거나 조장했다거나 혹은 방조했다는 이야기들은 대부분 사실이 아니라고 생각한다.

　박근혜 정부 국가안보실 직원의 컴퓨터 공유 폴더에 남아 있던 세월호 관련 문건 파일을 본 적이 있는데, 내가 본 파일들만으로는 공식적으로 발표된 사고 원인 이외에 다른 원인은 확인할 수 없었다. 다만 사고 이후 책임을 회피하려는 시도들이 어느 단계에서건 있었을 것이다. 관련 내용은 청와대 공식 브리핑으로 공개된 바 있다.

　누군가의 말처럼 현상 자체는 단순한 해양 교통사고일 수도 있다. 대통령이 신이 아닌 이상 언제나 깨어 있으면서 모든 사건 사고를 즉각적으로 보고받고 구체적인 지시를 했어야 한다는 것은 어찌 보면 과한 이야기일 수도 있다. 하지만 국민의 생명과 안전에 대한 최고 통치자의 고유한 접근 방식은 위기 상황에서 실무자들의 행동에 큰 영향을 미친다. 대통령의 즉각적인 말 한마디가 사고를 대하는 지휘관과 실무자들의 태도에 막대한 영향을 미치고, 현장 대응의 우선순위가 달라진다는 말이다.

대통령이 해외 순방을 떠나 자리를 비우면, 청와대 직원들의 긴장이 조금 풀릴 수밖에 없다. 수석들, 비서관들, 행정관들도 마찬가지다. 인간은 누구나 그렇다. 그래서 조직에는 관리자가 있는 것이고, 책임자가 있는 것이다.

너무 많은 아이들이, 너무 많은 어린 생명들이 어처구니없이 스러지지 않았던가. 그 상처는 영원히 잊히지 않는다. 언제까지라도 작은 일 하나까지 진실을 찾아 국민들에게 알려주어야 하고, 상처를 달래주어야 한다. 설령 그것을 정치적으로 이용하려는 사람들이 있다고 하더라도 그것은 별개의 이야기다. 그런 사람들은 국민들이 알아본다. 정부가 언제까지 여기에 매달려 있을 수 없다고 하더라도 그것 역시 별개의 이야기다. 정부는 수많은 중요한 일 가운데 국민의 생명과 안전에 가장 큰 관심을 두어야 한다.

당사자들과 국민들의 가슴에 깊이 파인 이 상처는 언제까지라도 보듬어주어야 한다. 비아냥대서는 안 된다. 일베라고 해서, 어리다고 해서, 극우 보수라고 해서 자식 잃은 부모에게 비아냥대서는 안 된다. 국민의 생명과 안전에 대한 책임 있는 태도, 그것이 국가의 존재 이유이고 위임받은 권력의 최우선과제다. 이 글을 한참 쓰고 있을 무렵 이태원에서 참사가 발생했다. 뭐라 표현할 수 없다. 그냥 서글프고 답답하다.

　2012년 대선 후 몇 년 지나지 않아 국정 운영에 있어서는 안 되는, 말도 안 되는 일들이 자행되고 있었음이 드러났고, 국정농단 사태에 분노한 촛불 시민혁명이 일어났다. 딸아이와 함께, 친구들과 함께, 변호사 동료들과 함께 주말마다 광화문으로 나갔다. 세계사에 유례를 찾아볼 수 없는 질서 정연한 무혈 시민혁명에 의한 정권 탄핵이었다. 2017년에 맞추어 서서히 진행되던 선거 준비에 갑자기 가속이 붙기 시작했다.

　들기로, 당시 박근혜 정부 청와대는 헌법재판소의 탄핵 심판이 기각될 것으로 예상했다고 한다. 청와대에서는 중요한 재판이나 법률 분쟁 사안에 대해 법률가들이 가능한 여러 가지 법 논리와 기타 정보를 통해 결과를 예측하고 그에 따른 대응책도 준비해두기 마련인데, 박근혜 정부 청와대에서는 1안, 2안 등 상황에 따른 대비가 거의 없었던 듯하다. 청와대에서 일해보니 그런 상황에서 아무런 준비가 없었던 당시 청와대가 어떤 충격을 받았을지 가늠이 되었다.

　당시 청와대에서는 오직 탄핵이 기각될 경우만을 대비하

여 계엄령을 선포한다느니 뭐 그런 식의 준비만 했다고 하니, 기가 막힐 노릇이다. 아이들 손을 잡고 나간 촛불 집회에서 대한민국 국군과 맞서야 할 수도 있었다는 말 아닌가?

그런데 이제 보수 정부로 정권이 바뀌고 나니, 해외로 도주했던 기무사령관이 이 계엄 문건조차도 모든 가능성 가운데 하나의 검토안에 불과했다면서 당당하게 자진 귀국한다는 언론 기사가 보였고, 실제로 얼마 후 귀국했다. 국민들에게 총부리를 겨누려던 구체적인 계획을 세워놓고 그걸 '안'에 불과하다고 말할 수 있는 것인가?

아무리 역지사지로 이해해보려 해도, 저들의 사고를 도저히 이해할 수가 없다.

✦

이기는 선거

✦

✦

2017년 선거 캠프에는 사람이 넘쳐났다. 2012년에는 캠프에 일할 사람이 없어서 나처럼 젊고 경험이 일천한 변호사들이 자발적으로 참여해 그야말로 사심 없이 일했다면, 2017년 법률지원단에는 중견 변호사들과 사람들이 넘쳐났다.

하지만 기업 운영이 그렇듯이 선거 캠프에서도 법률가들은 보조적 역할만 할 뿐 선거운동의 본류는 아니다. 그런데도 2017년 법률지원단에는 작은 일이라도 좋으니 무조건 맡겨달라고 연락해오는 변호사들이 많았다.

아마 사람들은 분위기로 선거 결과를 미리 알았던 듯하

다. 2012년에는 문재인 후보가 이긴다고 생각했지만 실제로 캠프에 모여든 사람들이 적었는데, 2017년에는 여기저기서 많은 사람들이 모여들어 행사를 기획하고 지지 선언을 하고 자체적으로 일을 꾸몄다. 선거 캠프 내에서도 여러 팀이 각자의 자리를 하나라도 더 확보하기 위해 사소한 알력 다툼을 벌이고, 보이지 않는 경쟁을 하기도 했다.

후보 본인의 권력의지도 바뀌어서 2012년에는 어쩔 수 없이 운명에 이끌려 나온 듯했는데, 2017년에는 반드시 정권을 획득해 나라다운 나라를 만들겠다는 의지가 강력해 보였다.

선거법 자문팀장을 맡았던 나는 일상적인 고소·고발 대응 이외에도 쏟아지는 각종 행사와 사건들에 대해 자문해야 했다. 그러다보니 선거법 위반의 소지가 있으니 하지 말라거나, 표현을 바꾸라거나, 콘셉트를 바꾸어야 한다는 등 주로 거절과 부정적인 자문만을 하게 되었다.

이기는 선거에서는 공을 세우고자 열심히, 때로는 '오버' 하는 사람들이 넘쳐난다. 2017년 캠프에도 스스로 조직을 만들고 사고를 내는 사람들도 생겨났고, 제사보다 잿밥에 관심이 많은 사람들도 더러 생겨났다. 가장 안타까운 경우는 선거에 이기고도 선거운동 과정에서 선을 넘는 행위들로 고초를 겪는 사람들이었다.

영화 〈킹메이커〉에는 선거판을 기획하는 사람들의 이야기가 나온다. 정도를 벗어난 사파의 초식은 일시적인 성공, 잠깐의 승리를 가져다줄 수 있겠지만, 길게 보면 결국 주화입마走火入魔에 빠질 수밖에 없다. 괴물과 싸우다가 스스로 괴물이 되지 않도록 조심해야 하는 것이다.

2017년 선거는 사파의 초식이 필요 없는, 거대한 민심을 거스를 수 없는, 이기는 선거였다.

✦

청와대, 낙방하다

✦

✦

2017년 5월 10일, 문재인 당선인이 대한민국 19대 대통령으로 취임했다. 개표일 밤에 법률지원단 고위 인사가 나에게 "청와대에 추천할 테니 사양하지 말고 가서 열심히 일하라"고 말했다.

깜짝 놀랐다. 2012년과 마찬가지로 반드시 정권 교체를 이루어내야 한다는 생각만 있었지, 청와대에 들어간다는 건 전혀 생각하지 못했다. 좀 더 솔직히 말하면, 선거가 목전에 다가오면서 막연하게 상상해본 적은 있으나 현실이 될 거라고는 전혀 생각하지 못했다. 순간순간 급박하게 주어진 일을 처리하느라 다른 생각을 할 겨를이 없었다. 그런데 선거 승리가 현실이 되고 막상 문재인 정부의 청와대에 추천을 받게 되니, 얼떨떨했다.

"얼싸 좋다 김 일병, 신나는 어깨춤~." 왜 이 대목에서 뜬금없이 장삐쭈 만화 〈신병〉의 한 장면이 떠오르는지 모르겠지만, 나는 벅찬 기대와 흥분된 마음으로 열심히 이력서를 작성해서 제출했다.

그런데 기쁨이 너무 앞섰던 것일까. 캠프에서 일했던 몇몇 사람들이 청와대로 들어갔으나, 나는 입직이 거절되었다는 연락을 받았다. 나 혼자 이런저런 사정상 거절한 것 같다는 대략적인 이유를 추측했을 뿐, 아무도 상세한 이유는 알려주지 않았다. 이유가 무엇인지 어디에 물을 수도 없었고, 묻는 것 자체가 좀 이상한 일이었다.

선거가 끝나고 나서 청와대에 추천되는 인원은 대략적으로 한 자리에 열 명이 넘는다는 이야기를 듣긴 했지만, 꽤 서운했다. 애초에 선거 캠프에서 일할 때는 청와대에 들어갈 기대가 별로 없었는데, 추천을 받았다가 다른 팀장들과 달리 나만 탈락하니 섭섭한 마음을 달래기가 쉽지 않았다. 동료 팀장들이 청와대 이야기를 하며 즐거워할 때 옆자리에서 못 마시는 술을 몇 잔 마시고 취해야 했다. 어느 팀 못지 않게 고생한 우리 팀원들에게도 부끄럽고 미안한 마음이 컸다.

나는 체질적으로 알코올을 흡수하지 못해 술을 마시지 못한다. 종류와 무관하게 술 세 잔을 마시면 쓰러져 자고, 네 잔을 마시면 정신이 혼미해지고 토하고 반말을 하는 등 실수를 연발한다. 아직 다섯 잔은 마셔본 적이 없는데, 아마…… 진짜로 죽을지도 모른다.

이런 내가 당시 네 잔 정도를 연거푸 들이켜고 여의도 길바닥 어딘가에 잠시 쓰러져 있었던 것 같다. 상대적 박탈감이 컸고, 거기에 나의 그런 모습이 좀 유치하고 천박하다는 느낌이 곁들여지면서 감정이 살짝 무너졌던 것이다. 고상하게 표현하고 싶지만, 한마디로 삐쳤던 거다.

돌아갈 직장이 있는 사람은 좀 덜하겠지만, 직장을 나와 선거에 올인하는 사람들의 기대나 실망은 정말 클 거라는 생각이 들었다. 공직 선거가 어떤 보상이나 논공행상의 자리가 되는 것은 바람직하지 않은 일이지만, 민주적 선거제도를 먼저 정착시킨 선진국에서도 선거에 승리한 세력이 공직을 차지하는 엽관제도가 우리보다 더 강하게 작동하고 있다. 트럼프 대통령은 가족과 사위까지 공식적인 백악관 고위직에 임명했으니 미국을 정치 선진국이라고 마냥 부러워할 일도 아니다.

엽관제도가 과도하면 공정성 측면에서 분명 문제되겠지만, 관료주의의 단점을 보완하는 긍정적인 면이 있는 것도 사실이다. 정치적으로 임명이 가능한 자리는 당연히 집권 세력과 정치철학을 같이하는 사람들로 채워져야 하고, 그렇게 책임정치를 하는 것이다.

아무튼 어쩌겠는가. 처음부터 무얼 바라고 일한 것은 아니었으니, 잠시 과분한 욕심을 부렸던 것을 반성하며 아쉬운 마음을 달래고 다시 생업으로 돌아갔다.

삶의 변곡점이 있을 때마다 찾던 지리산을 혼자서 며칠간 종주하고, 가족들과 여행도 다니며 뒤숭숭한 마음을 어렵사리 정리한 뒤 천직이고 소명이라 생각하는 변호사 일에 다시 마음을 쏟았다. 서운한 마음을 다잡기까지 두세 달의 시간이 필요했다.

2장

이렇게 된 이상

청와대로

신원조회

✦

정권 교체를 이루어 행복했지만 청와대 입성에 낙마해 서운했던 2017년 봄, 여름, 가을이 지나고 겨울의 한자락에 들어섰을 때, 청와대에서 해야 할 역할이 있다며 입직할 생각이 있느냐고 연락해왔다. 한번 낙마하여 서운한 마음 가득한 터라 더 반가웠다. 하지만 몇 개월 전과 달리 이번에는 기쁨보다 부담감이 앞섰다. 이제는 내가 욕해왔던 이전 정부보다 나은 정부와 사회를 만들어야 하는 직접적인 책임을 져야 하는 것이다.

행정관이니 중요한 정책 결정보다는 실무적인 일을 맡겠지만, 어쨌든 한 번 낙마한 끝에 정부의 구성원이 되는 것이라 많이 긴장했다. 어떤 일을 하게 될지, 잘할 수 있을지 떨리는 심정으로 변호사 사무실을 정리하고 입직을 준비했다.

변호사 사무실을 정리하는 게 쉬운 일은 아니었다. 진행 중이던 사건들의 의뢰인 한 분 한 분에게 양해를 구하고 수임료를 돌려드리거나 다른 변호사 사무실을 소개해드려야 했다. 그래도 청와대에 간다고 하니 모든 분들이 흔쾌히 동의하고 격려해주었다.

청와대에 입직하기 전 신원조회가 있었다. 경찰 정보관이 서초동 변호사 사무실로 찾아와 이런저런 질문을 했다. 정부기관에서 나온 사람이 나에 대한 세평을 묻더라는 지인의 연락도 받았다.

나는 '평소 그리 모나지 않게, 나름 착하게 살아왔으니 세평도 무난했겠지' 하고 생각하고 별다른 관심을 두지 않았는데, 그건 역시 나만의 착각이었을까. 입직 후 얼마되지 않아 모 비서관이 나에게, "세평을 들어보니 고집이 좀 세다고 하던데 일해보니 아주 그런 거 같지는 않네"라고 농담 반 진담 반으로 이야기했다. 나는 '아, 내가 누군가에게는 고집이 세게 굴었나보다' 하는 반성보다는 '도대체 누가 나를 이렇게 평가했을까?' 하는 궁금증이 앞섰다.

나중에 내가 인사 검증 업무를 담당하면서, 입직 후보자들의 평판을 볼 기회가 있었다. 평소 알던 사람이 검증 대상이 될 때에는 세평 자료를 유심히 볼 수밖에 없었는데, 틀린 내용도 많아 세평이라는 건 단순한 참고자료로 끝내야지 입직 여부를 결정하는 자료로 삼아서는 안 되겠다는 생각을 했다.

　　내용이 사실인지 아닌지, 평이 좋고 안 좋고와 상관없이, 아는 사람의 세평을 확인하는 것이 그리 유쾌한 일은 아니다. 청와대에서의 업무를 굳이 기록하거나 기억하지 않고 무심히 지나가려 애쓴 것도 감찰과 검증 업무를 하다보니 어떤 사람을 만났을 때 머릿속에 그 사람의 세평이나 부정적인 일이 먼저 떠오르는 부작용 때문이었다.

　　인사 세평과 관련된 정보관들의 이야기는 나중에 다시 한번 이야기하겠지만, 세평이라는 것은 매우 한정적이고 불완전한 부분적 평가에 불과하다. 그 후보자를 겪어본 사람 중에는 호의적인 사람도 있을 수 있고 적대적인 사람이 있을 수도 있는데, 정보관이 누구를 접촉하느냐에 따라서 평가가 정반대로 달라질 수 있다.

　　그래서 문재인 정부에서는 인사 검증을 할 때 세평만으로 입직 여부를 결정하지 않았다. 어떤 부정적인 평가가 있으면

반드시 실체를 확인하게 했고, 단지 풍문에 불과한 경우에는
인사 검증에 반영하지 않았다.

✦

누구 '빽'으로 들어오셨어요?

✦

✦

"누구 빽으로 들어오셨어요?"

처음 청와대에 들어간 지 얼마 되지 않았을 때 어떤 직원이 내게 물었다. 지하 별관, 소위 벙커 근무자들의 환영 회식 자리였던 것으로 기억한다. 지하 별관에 직업 공무원이 아닌 외부 변호사가 들어가니 좀 의아했던 모양이다.

노골적이고 무례한 질문이라는 생각도 들었지만, 생각지 못한 질문에 잠깐 머뭇거리다 웃으며 화제를 돌렸다. 선거 캠프에서 활동했다는 말은 조심스러워서 하지 않았다.

"그냥 평범한 변호사예요. 잘생겨서 인물로, 면접만 보고 들어왔어요."

새 정부 초기에는 보통 선거 캠프나 정당에서 활동하던 사람들이 대통령직 인수위원회를 거쳐 청와대에 들어가는 게 일반적이다. 인원이 한정되어 있다보니 경쟁이 치열하고, "누구의 연줄로 들어왔느냐"라는 말이 나오는 것도 무리가 아니었다.

과거 참여정부 때는 선거 캠프에 참여했던 사람들을 상대로 다면 평가, 즉 동료들 상호 평가를 실시해 청와대 직원을 선발했는데, 노무현 대통령을 가까이에서 보좌했던 직원들 중에서도 이 다면 평가에서 낮은 점수를 받아 청와대에 입직하지 못하는 이례적인 일도 있었다고 한다.

문재인 정부는 대통령직 인수위원회 없이 선거 다음 날 곧바로 출범했기 때문에, 초기에 입직한 사람들에 대한 평가나 인사 검증이 나중에 입직한 사람들에 비해 그리 엄격하지 않았던 것 같다. 특히 행정관 이하의 직원들은 즉시 일할 수 있는 믿을 만한 사람들을 우선적으로 선발한 것 같다.

청와대에 근무하려면 뒷배경이 있어야 하는 것일까? 아니라고 전면 부정할 수는 없겠다. 일부는 사실이라고 생각한다. 정부 초기일수록, 직업 공무원이 아닌 별정직 공무원일수록 더욱 그런 경향이 있을 것이다. 하지만 그것을 '빽'이라는 부정적인 의미로만 사용할 이유는 없다. 선거를 통해 권력을 위임받은 통치권자와 국정철학을 같이하여 보좌하는 자리이므로 백 퍼센트 공개 경쟁 채용을 할 수도 없고, 정부 부처에서, 국회에서, 정당에서, 시민 사회 단체에서, 전문직 집단에서, 선거 캠프에서 같이 일한 사람을 추천하는 것은 어찌 보면 당연하다.

누구나 추천할 수는 있으나, 입직 여부는 먼저 인사 검증을 거친 후 해당 인물이 일하게 될 소속 비서관실과 청와대 내부 인사를 담당하는 비서관실에서 결정할 일이다. 내가 청와대에서 근무하는 동안 행정관 인사 검증 실무를 담당했던 직원은 뒷배경이 누구인지 따위는 관심도 없고 고려하지도 않는 F.M.을 중요시하는 늘공들이었다.

입직한 직원 가운데 누군가 사고를 치거나 언론에 나오면 자신이 검증을 잘못했던 것은 아닌지 불안해서 잠 못 이루는 그런 직업 공무원들이었고, 그래서 적어도 인사 추천이 아닌 인사 검증 단계에서는 누구의 연줄 같은 것이 고려 대상이 될 수 없었다.

나도 캠코더?

✦

문재인 정부의 인사에 대해서는 캠프, 코드, 더불어민주당 사람들이 주로 등용된다는 '캠코더 인사' 비판이 거셌다. 행정관에 대해서까지 캠코더 논란이 있지는 않았지만, 그런 구설수에 오르는 것 자체가 염려되었기 때문에 나는 선거 캠프에서 일한 사실을 가급적이면 알리지 않고 지냈다. 그래도 굳이 분류하자면 나도 캠코더에 포함되는 상황이고, 잠시나마 신분 공개 직위인 비서관으로도 일했으니 잠시 그 부분에 대해 설명하고 넘어가는 게 좋겠다.

어떤 나라든 어떤 정부든, 선거 캠프에서 일한 사람, 코드가 맞는 사람, 그리고 대통령을 배출한 정당의 사람들이 그 정부의 주요 공직을 맡는 것은 당연한 일이고 필요한 일이다. 이것 자체를 비난하는 것은 옳지 않다.

국정철학을 달리한다거나, 윤리적 법적인 흠결이 있다거나, 맡은 직위에 대해 아무런 경력이나 전문성이 없다거나, 혹은 사적인 인연만으로 생뚱맞은 사람을 공직에 채용하는 것은 비판할 수 있다. 하지만 소위 '캠프, 코드, 정당'이라는 것은 지극히 당연한 정치 세력의 인재 풀이므로, 이를 비난의 대상으로 삼는 것은 이해할 수 없는 일이다.

참여정부 때부터 인사 운용에 대해 집중적인 비난을 쏟아낼 때 등장하던 이 '코드 인사'라는 것은 사실상 비난 자체를 위한 조어에 지나지 않는다. 통치 철학과 이념이 같은, 소위 '코드'가 맞는 사람과 함께 일하는 것은 지극히 상식적인 일이다. 선거를 통해 국민의 위임을 받은 권력이 지향하는 통치 철학을 실현하는 것이 정권의 임무인데, 코드가 맞지 않는 사람과 국정을 운영해야 한다는 것인가?

과거 정부의 사례를 보면, 이명박 정부의 인사에 대해서는 고려대, 소망교회, 영남, 즉 '고소영'이라는 비판이 쏟아졌

다. 박근혜 정부 때는 개인적인 인연만 등용한다는 '수첩 인사'
로 요약되었다. 보수 정부에 대해서는 코드에 맞는 사람을 쓰
는 것이 당연하다는 듯 아무런 문제의식이나 비판이 없었고,
다만 사적 인연이 문제라는 비판만 있는 것이다.

윤석열 정부의 인사는 어떤가? 장·차관 인사는? 대통령
실 비서관과 행정관 인사는? 대통령 배우자의 사적 인연 논란
에 대해 언론은 날선 비판을 하는가 아니면 적당히 비판하는
척하며 해명을 실어주기에 급급한가?

문재인 정부 청와대 직원에 대해서는 대통령, 배우자와
조금만 인연이 있어도 '비선 인사, 막장 인사'라며 비판하기 바
빴던 언론이, 윤석열 정부 대통령실 직원에 대해서는 대통령
실의 해명을 전달하는 데 급급하다. 심지어 어떤 언론사는 "김
여사와 손발을 맞췄던 코바나컨텐츠 출신 직원들을 채용하면
서 제2부속실 기능을 내부적으로 강화했다"는 대통령실의 해
명을 그대로 실어주고, "반대 세력이 사소한 일로 사사건건 발
목 잡기를 한다"고 논평하기도 했다.

집권 세력이 언론 탓을 하는 것만큼 어리석은 일은 없다.

하지만 이제 문재인 정부는 과거가 되었으니 묻고 싶다. 인사와 관련해서 우리 언론의 비판 기준은 공정한가? 윤석열 정부는 문재인 정부를 비판했던 그 기준으로 청와대 인사를 하고 있는가?

어공의 세계

2012년부터 참여했던 선거 캠프의 인연으로 나는 우여곡절 끝에 청와대 별정직 공무원이 되었다. 소위 '어공'이 된 것이다.

청와대 실무진이라고 할 수 있는 행정관과 행정 요원의 70~80퍼센트는 정부 기관에서 파견된 직업 공무원들이고, 나머지 20~30퍼센트 정도는 외부에서 채용된 별정직 공무원들이다. 별정직 공무원은 그 정권의 집권 기간에 한하여 공무원으로 일하게 된다. 속칭으로는 직업 공무원을 늘상 공무원인 '늘공'이라고, 별정직 공무원을 어쩌다가 공무원이 된 '어공'이라고 부른다.

청와대는 소수의 어공들이 다수의 늘공들을 이끌어 정부의 국정과제를 수행하는 공간이다. '이끈다'는 말이 적확한 표현인지 조심스럽지만, 아무래도 직업 공무원 조직은 주어진 일을 수행하는 데 익숙하기 때문에 새로운 아젠다를 설정하고 국가정책의 방향을 제시하는 일은 대통령과 그 정부의 국정철학을 이해하는 어공이 주로 담당한다.

각 비서관실별로 형태가 조금씩 다르기는 하지만, 늘공은 주로 각 정부 기관에서 파견되어 1~2년 정도 그 소속 기관과의 소통을 담당하며 실무를 수행하고, 어공은 주로 국정과제를 추진하고 정무적인 역할을 담당한다. 다만 높은 전문성을 요하는 경제정책이나 외교·안보 정책을 담당하는 부서에는 순수 어공이 낄 자리가 많지 않다. 정통 관료이거나 관료 출신 어공이 정책을 좌우한다고 보면 될 듯하다.

어공도 몇 가지 그룹으로 나눌 수 있는데, 주된 그룹은 여의도 정치권에서 온 사람들이다. 자칭 '여의도 건달'이라고 부르는 이들은 주로 여당 당직자이거나 국회의원 보좌관 경력자들로, 정무적 감각이 뛰어나고 국회 시절 담당한 상임위 업무에 관해 전문적인 지식을 가지고 있다. 국회에서 입법 업무와 정부 견제 업무를 해왔기 때문에 정부 기관의 직업 공무원과 소통하는 방법을 잘 안다.

국회의원 보좌진 경험은 없으나 지역에서 정치 활동을 하던 정치 지망생들도 이와 비슷한 그룹에 속하지만, 이들은 국회 경험이 없기 때문에 정부 업무나 공직 사회에 대한 지식은 좀 부족한 편이다. 하지만 자신이 속한 지역 사정에 밝고 인맥이 넓다. 대개는 지역구 국회의원 등의 추천으로 입직하는데, 자신의 정치 활동을 위해 단기간 경력을 쌓고 나가는 경우가 많아 청와대 재직 기간이 길지 않은 편이다.

또 하나의 그룹은 전문가 집단이다. 변호사, 회계사, 기술사 등 각 분야의 전문직 자격증을 가진 사람들로, 이들 역시 선거 캠프 활동이나 정당 외곽에서 지원 활동을 하던 사람들이다. 직업군으로 보면 아무래도 사회적인 활동 범위가 넓은 변호사들이 많다.

어공 가운데에는 간혹 일반 직업 공무원 생활을 했던 사람들이 퇴직하여 민간에 나갔다가 별정직으로 다시 임용되는 경우도 있는데, 이런 사람들 중 어떤 이는 스스로를 어공과 늘공 사이의 '낀공'이라 부르기도 했다. 어공과 늘공은 그만큼 관점이 다르다는 것이고, 그 사이에서 갈등하는 사람들도 있었던 것이다.

마지막으로, 아주 소수지만 정치권이나 전문가 집단이 아닌, 좀 생경한 경력의 사람이 입직하는 경우도 있었다. 인사 검증 부서에서는 해당 인물을 추천한 이가 누군지 알 수 없다. 하지만 피추천자의 경력이나 직급이 해당 비서관실 업무와 다소 동떨어진 경우 나는 조용히 추천 배경을 알아보기도 했는데, 대개는 중진급 이상의 국회의원 혹은 청와대 수석급 이상의 힘 있는 분들의 추천으로 추정되었다.

이런 경우 인사 검증 도중에 결격사유가 발견되면 걸러냈지만, 그렇지 않으면 걸러낼 명분이 없었다. 특히 소속실이 특정되지 않은 경우에는 그 후보자의 경력이 해당 업무 분야 경력에 맞는 것인지를 검증 기준으로 삼기 어려웠고, 직위가 낮은 계약직 행정 요원의 경우에는 다소 완화된 기준을 적용한 것도 사실이다. 하지만 이런 이들은 대부분 해당 비서관실에 잘 적응하지 못하고 단기간에 퇴직했다. 정부 출범 초기에는 어느 정도 연줄로 입직할 수 있을지 모르지만, 청와대 근무는 그리 만만한 것이 아니다. 능력이 맞지 않는 사람에 대해서는 금방 소문이 나고, 내부의 견제도 상당했다.

어공들은 결국 그 정권 동안만 일하는 기간제 임시직 공무원과 다를 바 없기 때문에 청와대를 나가면 새로운 직장을 찾아야 한다. 과거에는 청와대 경력만으로도 좋은 직장을 새로 찾을 수 있었다고 하지만, 최근에는 그 역시 쉽지 않아 상당 기간을 실업자로 지내는 경우도 많다. 특히 정권이 교체된 경우에는 청와대 경력이 오히려 이직에 걸림돌이 되어 이를 숨기는 사람까지 있다.

그래서 정부가 힘이 있는 동안 청와대 경력을 토대로 공공 기관이나 사기업체의 대관 업무를 담당하는 직위로 이직을 원하는 경우가 있는데, 사회가 많이 투명해지고 공·사 기업을 막론하고 채용 과정에 대한 공정성 요구가 강해지면서 이런 이들의 수가 점차 줄어들고 있다. 스스로의 역량으로 취업 심사를 거쳐 사기업에 가는 것은 막을 수 없지만, 공공 기관에 취업할 경우에는 소위 '낙하산 인사'로 비난의 집중포화를 받기 때문에 이직이 말처럼 쉬운 일은 아니다.

하지만 수완 좋은 사람들은 어디에나 있다. 어느 자리가 언제 비는지, 그 자리에 가려면 어떤 경력을 쌓아야 하는지, 언제 어떻게 지원해야 하는지 등을 민첩하게 알아내어 이직하는 사람들을 보면 참 대단하다는 생각이 든다. 많은 어공들의 부러움의 대상이 되는 것은 말할 것도 없다.

윤석열 정부가 출범한 지 몇 개월도 지나지 않았을 때 검찰 출신을 제외한 행정관 수십 명을 교체한다는 언론 기사를 보았다. 어느 정부나 초기 혼선은 있을 수 있다. 하지만 어느 정부에서 초기 인사 실패의 책임을 행정관들에게 지우는가? 책임은 위에서 져야지 아래에서 지게 해서는 안 된다. 아랫사람은 일을 하기 위해 있는 것이고 윗사람은 책임을 지기 위해 있는 것이다.

✦

청와대 실세, 선임행정관

✦

✦

선임행정관이라는 직위가 있다. 처음에 나는 행정관 가운데
먼저 임명된 사람인가 하는 정도로 이해했는데, 행정관과는
직급도 다르고, 청와대에서 실질적으로 업무를 처리하는 핵심
인력이었다.

청와대 실세라 할 수 있는 선임행정관 이야기를 하기에
앞서 이해를 돕기 위해 청와대의 조직 구조를 간략히 언급하
려고 한다.

대통령을 보좌하는 기관은 대통령비서실, 정책실, 국가안
보실의 3실로 구성되고, 그 밑에 수석실, 비서관실이 소속되어

있다. 통상 각 비서관실별로 업무를 진행하는데, 비서관실마다 실무를 담당하는 행정관과 행정 요원들이 배치되어 있다. 비서실장, 국가안보실장 등은 장관급, 수석비서관은 차관급, 비서관은 1급(고위 공무원단 가급), 행정관은 3~5급 사이, 행정 요원은 6급 이하의 직원들이다.

간부인 비서관과 실무자인 행정관 사이에 위치하는 직급이 2급 선임행정관(고위 공무원단 나급)인데, 실무를 총괄하는 자리이다. 대개는 어공이고, 경제정책이나 외교·국방을 담당하는 곳에서는 직업 공무원인 늘공이 담당한다. 고위 공무원단에 들어가는 것이기 때문에 엄격한 인사 검증을 받아야 하는데, 능력과 경륜은 있지만 개인의 책임으로만 돌리기 어려운 사유로 번번이 승진에 실패하는 사람도 있어서 조금 안타까웠다.

선임행정관은 정부 중앙부처로 보면 국장급에 해당하는 직위이다. 중앙부처에서 국장급은 정책 결정은 물론 직원들의 인사와 보직에 강한 영향력을 미치는데, 청와대의 국장은 정부 부처 실장급 이상의 영향력을 가지고 있다고 한다. 늘공들 세계에서는 한 부서의 일을 담당하는 중간 간부인 과장급보다 한 단계 높은 직급으로 여러 부서의 일을 큰 시야에서 판단하는 상급 간부이고, 어공들 세계에서는 비서관실 실무를 총괄하고 외부 기관에 '낙하산'으로 갈 수 있는 어느 정도의 자격 요건으로 여겨졌다.

그런 힘 때문인지 문재인 정부 초기에, 어떤 사람은 자신의 배우자가 청와대 선임행정관이라 기관에 도움을 줄 수 있다는 취지로 이메일을 보냈다가 언론에 보도되어 조사를 받기도 했다.

✦

국정과제, 행정관의 주요 업무

✦

✦

행정관들이 하는 일은 정말 다양하다. 언론에 기사화되는 일들은 주로 비서관급 이상이 관여하는 국가 중요 정책에 관한 일들이라 행정관들이 하는 일에 대해서는 구체적으로 알려져 있지 않다. 업무 자체가 보안을 요하는 이유가 크지만, 굳이 보안으로 하지 않아도 되는 일인 경우에도 공개될 경우 여러 가지 오해와 비판, 해석이 있을 수 있어 사소한 일도 공개하는 것을 조심스러워한다.

행정관의 가장 기본적인 업무는 국정과제를 수행하는 것이다. 각 정부마다 재임 기간 동안 나라를 이렇게 운영하겠다는 목표인 국정과제가 있다. 대개는 선거 공약들이 여기에 포함되지만, 대통령직인수위원회 활동 기간 또는 정부 초기에 선거 공약보다 조금 더 구체적이고 현실적인 국정과제가 만들어진다. 문재인 정부에서는 100대 국정과제가 만들어졌고, 윤석열 정부에서도 120대 국정과제가 만들어진 것으로 알려져 있다.

이 국정과제를 구체적으로 수행하는 것이 행정관들의 기본적인 일이다. 어공은 좀 더 정무적인 방향성을 제시하고, 늘공은 정부 기관과의 소통을 통해 정책들을 실행해나간다. 그런데 국정과제가 정부 부처 개혁에 관한 것일 경우에는 청와대로 파견된 늘공들이 중간에서 매우 곤혹스러운 입장에 처하기도 한다. 특히 친정 기관의 예산 또는 인력 감축과 관계되는 일일 경우 청와대 파견 공무원은 나중에 자신이 돌아가야 할 기관에 밉보이는 상황이라 과제 수행이 쉽지 않다. 늘공이라도 국정철학에 동의하는 사명감 있는 사람이 청와대에 입직해야 하는 이유다. 사명감 없이 승진만 바라고 청와대로 온 늘공은 소속 기관의 국정과제 수행을 독려하기보다 청와대의 분위기를 부처에 전달하는 연락책 역할에 치중한다. 정부 기관의 권한 축소에 대한 현장의 저항은 상상 이상으로 강력하다.

국정과제에 포함되어 있는지 아닌지에 따라 정책을 추진하는 동력에서 많은 차이가 발생한다. 어떤 정책이든 반대의 논리와 상황이 존재하기 마련이고, 개혁은 그 논리와 상황을 극복하고 새로운 방향으로 일을 진행해가는 것이기 때문에, 국정과제에 포함되어 있으면 선거를 통해 국민의 지지를 받은 것으로 간주되어 정부 기관과 공직 사회를 추동하는 일이 비교적 수월하다.

국정과제가 아닌 일을 추진하려면 왜 그 일을 추진해야 하는지에 대해 상당한 설명과 설득이 필요하다. 쉽지 않다. 공직 사회는 변화를 싫어한다. 공직자가 나빠서가 아니라, 그것이 급여와 신분이 안정적으로 보장된 조직들의 특성일 것이다.

윤석열 정부에서도 출범 초기에 초등학교 입학 연령을 낮추려고 시도했다가 국민적 반감을 넘어서지 못하고 포기했는데, 국정과제에 포함되지도 않은 정책을 섣불리 들고 나왔다가 실패한 사례라고 할 것이다.

내가 국가안보실에서 일할 때, 과거 정부부터 진행되어온 국제협약 가입 논의를 이어받아 준비한 적이 있다. 수십 차례에 걸쳐 국내외 관련 기관과 협의하여 갈등을 봉합하고 거의 완결 단계에 이르렀지만, 결국 대통령께 보고하지 못하고 중단되었다. 국정과제에 포함되어 있지도 않고 군이 급한 일도 아닌데 논란의 여지가 있는 사안을 다른 현안보다 먼저 추진할 이유가 없다는 주장에 가로막혀 마지막에 동력을 잃은 것이다.

국정과제를 총괄하는 수석실에서는 정기적으로 각 비서관실에서 해당 과제를 잘 수행하고 있는지, 또 대통령의 각종 지시 사항을 잘 이행하고 있는지 진척도를 확인하고 진행 상황을 그래프로 만들어 관리했다. 장기간 해결되지 않고 남아 있는 사안들을 처리하는 것 역시 담당 행정관들의 골치 아픈 숙제였다.

국정과제 이외에도 각 수석실 산하 비서관실의 고유 업무와 어느 조직에나 있는 행정 사무, 인사 업무, 시설 관리 등의 일상 업무가 있는 것은 당연하다. 군이 평범하고 당연한 이야기를 하는 이유는, 행정관들이 맡은 업무가 정말 다양하면서도 어떤 경우에는 그 범위가 매우 한정되어 있는데, 청와대에 근무한다고 하면 고급 정보를 많이 알고 무슨 일이든 다 해결할 수 있는 줄 알고 각종 민원과 청탁이 난무하기 때문이다.

그렇지 않다. 주어진 일만 처리하는 평범한 공무원인 경우가 더 많다.

공무원의 주된 업무 가운데 하나는 일을 진행하면서 보고서를 작성하는 일이다. 정해진 양식에 따라 가급적 두세 줄짜리 간단한 문장들로 구성된 한두 페이지짜리 보고서를 작성한다.

"일을 못해도 보고만 잘하면 90퍼센트는 먹고 들어간다"라는 말이 있다. 중요하든 사소하든 어떤 일이 발생했는데 상사도 이미 알고 있겠지라는 생각으로 보고를 등한시하여 상관이 다른 자리에서 그에 관한 소식을 듣거나 논의에 참여하지 못하면 해당 공무원은 무능한 직원이 된다.

청와대에 입직하기 전, 나는 참여정부 행정관들이 출판한 『대통령 보고서』를 읽어보았다. 절판된 책이라 중고로 구매하여 일독했는데, 청와대 보고서는 변호사들이 평소 작성하는 법률 문서 양식과는 많이 달랐다.

변호사들이 작성하는 문서는 우선 양이 많다. 문장도 서술식이다. 상황을 자세히 설명하여 설득하는 종류의 문서이기 때문이기도 하지만, 다른 한편으로는 시간제로 보수를 청구하는 로펌의 경우에는 많은 시간을 들여 일했다는 것을 의뢰인에게 보여주기 위해서라도 많은 분량의 문서를 작성하기도 하는 듯하다.

반면, 공무원이 작성하는 문서는 양을 줄이는 것이 우선이다. 특히 청와대 윗선으로 갈수록 보고받는 사안이 엄청나게 많아지는데 대통령은 말할 것도 없기 때문에 핵심 내용만 기재해야 한다. 용건만 간단히. 그래도 꼭 필요한 상세 내용이 있다면 첨부 문서로 붙인다. 한 부서를 담당하는 비서관의 일상도 보고서 읽고 회의하고, 보고서 읽고 회의하고의 무한 반복인데, 대통령은 오죽하겠는가?

대통령을 직접 수행하는 제1부속실에서는 수시로 보고서의 분량을 줄여달라고 주문했다. 문재인 대통령은 보고받는 문서를 빠짐없이 꼼꼼히 보기 때문에 보고자가 양을 줄이지 않으면 대통령이 잠잘 시간도 없이 보고서를 읽는다는 이유에서였다.

무한책임의 자리에서 국정 운영의 부담이 얼마나 컸을까 짐작하게 하는 대목이다.

◆

나라 걱정은 대통령 한 명이 한다

◆

◆

청와대가 행정부의 최고 책임 기관이기는 하나, 극단적으로 말해 진심으로 나라 걱정을 하는 사람은 대통령 한 명뿐이다. 정권이 잘되어 나라가 잘되기를 희망하고 그런 마음으로 일하는 사람들이 대부분이었지만, 냉정히 생각해보면 대통령비서실은 대통령을 보좌하는 게 공식적인 업무이기 때문에 나라 걱정보다는 대통령을 보좌하는 데 더 관심이 있다고 할 수도 있다.

물론 국가의 정책 방향을 세우는 것과 대통령을 보좌하는 것이 충돌하는 일은 아니지만, 대통령의 생각과 방향키가 바르게 서 있어야만 그 두 가지가 일치할 수 있다. 두말하면 잔소리이지만, 그래서 대통령이 중요한 것이다.

대통령비서실은 국가 전체의 방향을 결정하기도 하지만, 직원 개개인은 자신의 향후 행보에도 관심을 두지 않을 수 없다. 특히 어공들이나 정치인들은 소위 '자기 정치'를 항상 생각하며 일하고, 나름의 사명감이 있는 사람들 역시 국가 전체의 방향보다는 대통령을 보좌하는 데 더 노력을 기울인다. 그런데 대통령이 욕하고 호통치고 거짓말하면, 비서진들은 국가의 안위를 챙기고 대통령을 보좌하기보다는 슬슬 대통령 눈치만 보고 비위를 맞춰가며 자기 앞날을 챙기는 데에만 더 관심을 두게 된다.

대통령은 향후 행보라는 게 있을 수 없다. 그래서 구조적으로 오로지 자신의 재임 기간 동안 치적을 쌓고 나라를 발전시키는 데에만 전념한다. 대통령이 사익을 우선시하거나 정치권과 국회에 영향력을 미치고 후임자를 세우는 데에만 관심을 가지면 참모들도 그대로 따라갈 수밖에 없다.

문재인 대통령은 누구보다도 국가의 안위와 국민의 생명을 우선해서 생각했다. 때로는 참모들이 대통령을 생각해서

하는 충언이나 고언도 대통령은 나라를 생각해서 거절하는 경우가 있었다.

나는 문 대통령의 그런 국가에 대한 충심을 이해할 수 있는 대표적인 사례 세 가지가 소·부·장 독립 선언과 선거 중립 지시, 그리고 사면권 절제라고 생각한다.

첫 번째, 소·부·장 독립 선언

우리나라 대법원 판결을 이유로 일본이 수출규제라는 경제적 공격을 해왔을 때 우리 관료들과 참모들은 모두 현실적인 경제 손실을 이유로 대일 유화 메시지를 준비했다고 한다. 하지만 대통령이 '아무도 흔들 수 없는 나라'를 만들기 위해 승부수를 던질 때라는 결단을 내려 결국 '소재·부품·장비' 산업의 자립을 이루어낸 것은 이미 어느 정도 알려진 이야기다.

대통령의 결단 과정에 관한 더 자세하고 감동적이고 재미난 뒷이야기는 나도 전해 들었을 뿐이니, 이 일의 경과를 잘 아는 사람의 몫으로 남겨두는 게 맞을 것 같다.

두 번째, 선거 중립 지시

더불어민주당에서는 20대 대통령선거를 앞두고 대통령

과 청와대가 적극적으로 당을 돕지 않았다고 지금까지도 불만을 토로하는 사람들이 많은 것으로 알고 있다. 누군들 심정적으로는 돕고 싶지 않았겠는가? 하지만 어떻게 하겠는가? 재선을 하는 미국도 아닌데, 청와대가 어떻게 선거에 영향을 미치겠는가? 문 대통령은 선거 국면에서 엄정히 중립을 지키고 오해받을 만한 일을 절대로 하지 말라고 당부했다.

법적으로, 도덕적으로 당연한 일이지만, 실제로 현장에 있어보면 말처럼 쉬운 일은 아니다. 힘을 가지고 있으면서 사용하지 않는 것은 오랜 기간의 자기 수양, 오로지 국가 전체의 지향점을 우선하는 마음이 아니면 실천하기 어려운 일이다. 대통령이 코로나로 절박한 나라의 위기 상황을 뒤로하고 현실 정치의 급박함에 매몰되었다면 국가는 파산의 지경에 이르고 참모들은 줄줄이 무리한 일을 저질렀을 것이다.

세 번째, 마지막 사면의 불발

문 대통령은 야인 시절에 대통령의 사면권이 남발되어서는 안 되며 절제되어야 한다고 주장했다. 그리고 정권 말기에 대대적인 사면 요구 앞에서도 측근이라 일컬어지는 사람들에 대한 사면도 실시하지 않았다. 오히려 심각한 건강 문제를 들어 박근혜 대통령을 사면했을 뿐이다.

　많은 참모들이 통합과 화해의 차원에서 폭넓은 사면을 건의했던 것으로 알고 있다. 나도 '사면권은 사용했을 때에나 의미가 있는 것이지 사용하지 않으면 아무런 의미도 없는 것'이라고 생각했다. 정권을 넘겨준 상황에서 자신의 퇴임 후나 측근들의 안위를 먼저 생각한다면 사면권을 행사하지 않을 이유가 없었다. 분열된 국론의 통합이라는 메시지도 나쁘지 않고, 전례를 보더라도 정권 말에는 대대적인 사면이 있었기 때문에 국민들도 이해해줄 상황이어서 사면권을 행사하지 않을 이유가 없었다.

　그분인들 왜 자신을 돕던 사람들을 사면하고 싶은 생각이 없었겠는가? 더 간절하지 않았을까? 하지만 대통령은 마지막까지 그렇게 하지 않았다. 국가 전체의 제도 발전을 생각했기 때문에, 원칙을 지켜야 하는 분이었기 때문에 내릴 수밖에 없었던 고독한 결단이었을 것이다.

　윤 대통령의 사면권 행사는 어떠한가? 국정농단 탄핵 세력과 비리 연루자, 자기 편 정치 세력에게 내려진 판결문에 잉크가 마르기도 전에 사면 복권한, 정말 할 말을 잃게 만드는 노골적이고 자의적인 권한 행사 아닌가?

최소한의 형식적인 균형조차도 고려하지 않고, 어떠한 눈치도 보지 않고 권력을 행사하는데, 언론은 왜 이렇게 잠잠한가.

청와대, 대통령실, 대통령비서실

청와대, 대통령실, 대통령비서실⋯⋯. 뭐가 다른 거지?

　문재인 정부에서는 '청와대' 또는 '대통령비서실'이라고 했는데, 윤석열 정부에서는 '대통령실'이라고 칭하고 있어 용어 사용에 민감한 법률가로서 좀 의아했다. 무슨 용어를 사용하든 의미가 달라지지 않기 때문에 꼭 구별해서 사용해야 할 필요는 없지만, 차이는 알고 지나가야지 싶다.

　'청와대'는 1960년부터 문재인 정부에 이르기까지 대통령 관저와 비서실, 국가안보실, 경호처 등의 기관과 물적 시설을 통칭하여 부르던 명칭이다. 즉 대통령령인 '대통령비서실 직제' 등 법규에 등장하는 공식적인 국가기관의 이름이 아니라 대통령이 집무하는 공간의 상징적·관행적 통칭이다.

'대통령실'은 법규에 등장하는 국가기관의 공식 명칭일 때도 있었지만, 현재 윤석열 정부에서 사용하는 '대통령실'은 국가기관의 공식 명칭은 아니고 대통령 집무 공간을 이전하면서 '청와대' 대신 사용하는 명칭으로 보인다.

이명박 정부에서는 법규상 '대통령실'이 공식적인 국가기관으로 존재하기도 했으나, 윤석열 정부에서 '대통령실'은 이명박 정부처럼 공식적인 국가기관 직제로 규정한 것이 아니라 대통령비서실과 국가안보실 그리고 대통령경호처 등을 통칭하여 '청와대' 대신 사용하는 사실상의 명칭으로 보인다.

아무튼, 나도 직접 일하기 전까지는 청와대에서 근무한다고 하면 파란색 기와지붕의 그 큰 본관에서 근무하는 줄로 알고 있었는데, 실제로 대부분의 직원이 근무하는 사무 공간은 여민관이다. 여민관은 정말 충격 그 자체였다. 사무 공간인 여민 1, 2, 3관 등 서너 개의 건물로 구성되어 있었는데, 대통령 집무실이 있는 1관은 그나마 2000년대에 지어진 건물이지만 2관과 3관은 1970년경에 지어진 건물이다. 너무 낡고 열악해 어떻게 이런 곳이 대한민국 행정부의 중심이라고 할 수 있을까 하는 의문이 들 정도였다. 여민관을 방문했던 어느 교수는 외국인들이 본다면 망신스러운 수준이라고 신문에서 지적한 적도 있었다.

행정관에서 비서관으로 승진했을 때 좋았던 점 가운데 하나가 비서관들이 주로 사용하는 작은 화장실이 하나 따로 있다는 점이었을 정도로 근무 환경이 열악했다. 특히 민정수석실이 있던 여민 2관 3층은 근무 인원에 비해 화장실이 턱없이 부족한 데다 변기도 자주 막혀 새벽마다 거의 대란이 벌어지곤 했다. 2층으로 1층으로, 심지어 지하로 화장실을 찾아다니기도 했다.

청와대의 사무 공간이 그렇게 낡았던 이유는 주인이 없는 공간이기 때문이라고 한다. 5년마다 주인이 바뀌기 때문에, 당장 해야 할 일이 많은데 굳이 다음 정부에서나 사용할 물리적인 시설을 새로 신축할 이유나 여력이 없는 것이다. 그렇게 수십 년을 낡은 건물에서 일해온 것이다. 그나마 대통령 집무실이 있는 여민 1관은 좀 나은 편이었지만, 그 역시도 직원들의 밀집도가 매우 높아 업무 환경이 열악한 것은 매한가지였다.

문재인 대통령의 집무실은 직원들이 근무하는 여민 1관에 함께 있었다는 사실이 지금은 국민들에게도 어느 정도 알려졌지만, 여전히 일부 언론과 분별력 없는 사람들은 대통령 집무실이 청와대 본관에서 떨어져 있어 참모들과 소통이 어렵다고 근거 없는 비판을 하기도 했다.

윤석열 정부가 청와대를 나오는 근거로 든 것이 대통령 집무실이 직원들 공간과 떨어져 있어 소통이 어렵다는 점이었는데, 말도 안 되는 논거였다. 다시 한번 말하지만 문재인 대통령 집무실은 직원들이 근무하는 공간과 같은 건물에 있었다. 여민 1, 2, 3관이 오밀조밀 모여 있고, 대통령의 집무실은 1관 3층에 있었기 때문에 어느 곳에서든 3분 이내에 대통령 집무실에 도달할 수 있었다. 파란 지붕의 청와대 본관은 외부인들 초청 행사나 큰 회의가 있을 때에 사용하는 행사 장소 같은 곳이었다.

단순히 개인적으로 추측해본 것이지만, 아마도 윤석열 정부가 대통령 집무실 이전에 이런 논거를 내세웠던 것은, 검찰이 세월호 사건을 수사할 때 청와대 내부에 들어가 대통령이 거주하고 근무하는 공간과 국가안보실의 거리 등을 확인하면서 박근혜 정부 당시 청와대 직원들이 대통령에게 신속하게 보고하기 어려웠던 점을 파악하고 문재인 정부도 그랬을 것이라 생각했기 때문이 아닐까 싶다. 어떤 논리를 내세워서라도 윤석열 정부는 청와대를 나갔겠지만, 참 빈약하고 민망한 근거가 아닐 수 없다.

차라리 직원들의 업무 공간인 여민관이 너무 낡아 도저히 그대로 사용할 수 없다는 이유를 들었다면 그나마 동의하고 수긍할 수 있었을 것이다. 국민들에게 여민관을 공개하면 '너무 낡아서 바꿀 때도 되었네' 하는 여론이 충분히 일어났을 수도 있을 것 같은데, 왜 그렇게 갑작스럽고 무리하게 이전을 추진했는지 도무지 알 수 없는 일이다. 멀지 않은 미래에 밝혀질 것이다. 그 절차의 무례함과 위법성과 예산 낭비도 함께……

사실, 선거를 통해 당선된 국가 최고의 리더가 일을 하기 위해 필요한 공간과 사람을 새로이 세팅하는 일은 어느 정도의 융통성이 있어야 하고 관대하게 이해해줄 필요가 있다고 생각한다. 중대한 법률을 위반하는 것이 아니라 사소한 세부적인 절차 규정을 위반하는 정도의 행위라면 그에 맞는 적당한 행정적 제재나 언론의 비난, 지지율 하락의 감수 정도로 족하다. 이런 것들에 일일이 형사적인 잣대를 들이대면 공무원들은 위축되어 복지부동이 되고 적극적으로 일하려는 의욕을 갖지 못한다. 국가 전체적으로 큰 손실이고, 앞으로 나아가려는 추동력을 발목 잡기만 하는 일이 되어버린다.

하지만 지금 윤석열 정부가 문재인 정부에 대해 들이대는 잣대를 기준으로 한다면, 윤석열 정부는 취임 후 몇 개월의 행위만으로도 처벌 사유가 차고 넘칠 것이다. 평생을 '우리는 법을 집행하는 사람들이지 법의 지배를 받는 사람들이 아니기 때문에 아무도 우리를 못 건드린다'고 내심 생각하며 살아왔을 검찰 조직 내의 소수 엘리트 집단도 결국은 그 집단에 의해 심판받을 것이다.

수사 권력은 사람이 아니라 조직 자체의 논리와 성과로 생존하기 때문에 윤석열 정부의 시대가 지나면 결국 윤석열 대통령이 하고 있는 황당한 일들도 제물로 삼을 것이다.

3장

벙커 이야기

✦

지하 벙커로 들어가다

✦

✦

청와대 행정관이 되어 처음 발령받은 곳은 국가안보실 소속 사이버안보비서관실이었다. 난생처음 듣는 이름이었다. 안보와 관련된 곳이라 다른 비서관실과 달리 비서관의 신원도 상세히 공개하지 않았다. 국가안보실은 외교와 국방을 담당하는 대통령 보좌 기관으로 1차장실과 2차장실로 나누어 업무를 분장했고, 주로 외교부와 국방부에서 파견된 공무원들이 실무를 담당했다.

사이버안보비서관실은 출근 시간이 빨라 나는 올빼미형 인간에서 새벽형 인간으로 바뀌어야 했다. 법률가들은 대개

올빼미형으로 사는데, 나는 그곳에서 근무할 때 긴장을 많이 하다보니 새벽에 알람이 켜지기도 전에 눈이 번쩍 뜨였다. 지하 벙커는 청와대 내에서도 출근 시간이 빠른 편이라 새벽 6시 정도면 대부분의 직원이 출근해 있었다.

새벽형 인간임을 자랑하던 이명박 대통령 시절에는 이보다도 훨씬 이른 시간에 출근했다고 한다. 새벽부터 뭐 하느냐고? 전날 있었던 각 분야별 사고 현황을 종합해서 보고한다. 일반 직장에서 오전에 할 일을 청와대는 아침식사 전에 끝낸다고 보면 될 것이다.

헬기장 아래에 위치한 지하 벙커는 국가 전체의 전반적인 재난·안전 상황뿐만 아니라, 북한이 재래식 무기로는 우리와 경쟁이 안 되니 힘을 쏟고 있는 이른바 3대 비대칭전력인 핵폭탄, 장거리미사일, 사이버공격 등과 관련된 안보 상황을 총괄하는 컨트롤타워였다. 그곳에는 국가위기관리센터, 사이버안보비서관실, 그리고 기타 다른 비서관실이 자리 잡고 있었다. 대통령을 수행하는 헬기가 자주 이착륙했지만, 벙커 내에서는 그 큰 헬기 소리도 잘 들리지 않았다.

유사시 차량이 직접 벙커 내부로 출입할 수 있는 공간도 마련되어 있다. 중간 출입문 두께도 '어마무시'해서, 몇몇 군인에게 '핵무기가 터져도 여기는 괜찮으냐'는 어린아이 같은 질문을 던져보기도 했지만, 정확히 대답해주는 사람은 없었다. 한때 청와대 벙커 근무자들은 탄저균 예방접종을 했다는 풍설도 있었으나, 전혀 사실이 아니었다.

국가위기관리센터에는 여러 국가 기간 통신망이 들어와 있다. 그리고 텔레비전에서 자주 보던, 대통령이 위기 때마다 민방위복을 입고 회의를 주재하는 시설이 있다. 회의 참가자들의 정면에는 대한민국의 영공과 영해에 드나드는 항공기·선박, 교통·통신·군사 시설, 원자력 시설 등의 정보를 한눈에 볼 수 있는 대형 파노라마 전광판이 펼쳐져 있다. 한반도 주변뿐만 아니라 전 세계 바다에 떠 있는 우리 선박들의 위치도 파악할 수 있고, 대통령이 해외 순방을 갈 때면 1호기의 위치도 확인할 수 있다. 북한이 미사일을 발사하거나 중요 안보 사안이 발생할 때에는 이곳에서 국가안보전략회의(NSC)가 열린다. 위기관리센터 직원들은 업무 중단 없이 24시간 내내 교대근무를 했다.

그 밖에도 벙커에는 용도를 알 수 없는 보안 장비들이 많았는데, 이 가운데 동맹국의 자산도 설치되어 있다고 했다. 암

호화된 위성통신 장비가 있어서 외국과 화상회의를 하기도 했다. 요즘은 민간의 개인도 외국에 있는 이들과 화상회의를 일상적으로 진행하고 있으니 신기할 것도 없지만, 아무래도 벙커에서는 도청·감청이 안 된다는 정도의 차이가 있을 것이다.

중요 장비에서 발생하는 열이 상당하여 겨울에는 난방을 하지 않아도 따뜻하고, 여름에도 시원하게 일정 온도를 유지한다고 했다. 지하 공간임을 감안하여 벙커 안으로 맑은 산소를 공급한다고 하나, 햇볕을 쬐야 한다는 핑계로 자주 자리를 비우는 직원도 있었다.

특이하게도 벙커에는 여성 근무자가 없었다. 주로 재난과 안보를 담당하는 군인·경찰·소방 공무원·국정원 직원이 구성원이라 그랬는지 몰라도, 나중에 여성 직원이 충원되기는 했지만 내가 근무할 당시까지만 해도 벙커에는 여성 직원이 한 명도 없었다.

그래서 벙커의 남자 직원들은 표지만 남아 있는 여자 화장실을 사용하는 일이 다반사였는데, 한번은 어떤 직원이 여자 화장실에 앉아 있다 갑자기 옆에서 여성의 목소리가 들려와 깜짝 놀랐다는 경험담을 이야기해주기도 했다. 회의차 외부에서 방문한 여성이었던 모양으로, 그 직원은 숨을 죽이고 조마조마해하며 그 여성이 나가기만 기다렸다가 나왔다면서, 이상한 사람으로 몰릴까봐 혼났다고 농담을 던졌다.

국가 위기 상황의 컨트롤타워, 재난의 모든 상황을 실시간으로 확인하고 지휘하던 그곳을 하루 아침에 이전하는 것은 불가능한 일일 텐데, 지금 그곳은 어떻게 활용되고 있는지 궁금하다. 이전한다면 그 비용이 결코 적지 않을 것이다. 아니, 비용의 문제가 아니라 수많은 보안 장비들을 단시간에 옮길 수 있었는지가 의문이다.

그리고 언론에도 공개된 사항이지만, 청와대 뒤 북악산에는 청와대와 정부서울청사 등을 지키기 위한 패트리엇 미사일 포대도 설치되어 있는데, 이제 대통령 집무실이 옮겨갔으니, 그 장비들은 또 어떻게 했을지도 궁금하다. 준비 없이 갑작스레 대통령 집무실을 옮겨가니 국방부 등 큰 정부 기관의 연쇄적인 이전부터 작은 안보 시설을 옮기는 일 하나까지 모두 막대한 비용이 소요된다.

국민들이 정말 이런 일들을 동의한 것일까?

윤석열 정부 초기, 100년 만의 폭우에도 자택에서 전화로 보고받고 지시했다는 국회의 지적에 대해 한덕수 국무총리는

"대통령의 자택이 지하 벙커 수준이라 큰 문제 없이 지휘할 수 있다"라고 대답했는데…… 한숨만 나올 뿐이다.

사이버안보비서관실의 아저씨들

✦

'사이버'라고는 고시생 시절 스타크래프트 게임에 빠져 몇 날 밤을 새워본 게 전부이고, 인터넷에 사소한 댓글 한 자 달아본 적이 없는 데다 사이버 전쟁이나 해킹 등에 대해서는 문외한 인 나였기에 사이버안보비서관실 근무에 대한 부담감이 확 몰려왔다.

입직하기 전 두 달여 동안 변호사 사무실을 정리하며 관련 분야 전문가들을 만나고, 사이버 전쟁이나 해킹에 관한 책을 읽고 공부를 시작했다. 컴퓨터 모니터가 쫙 펼쳐진 공간에서 각국의 해킹 상황과 사이버 전쟁 상황을 긴박하게 모니터

링하는 장면을 예상하며 긴장했는데, 막상 들어가서 보니 다행히도 내가 해야 할 일은 사이버공간의 거버넌스를 법적인 관점에서 다루는 법률가의 일이었다.

2018년 2월 8일 내가 사이버안보비서관실에 첫 출근을 했고, 다음 날 평창올림픽이 개막했다. 그리고 바로 그즈음 동계올림픽 조직위원회에 대한 사이버 공격이 발생했다. 미리 준비를 많이 하고 서버도 여러 곳에 분산되어 있어서 개막식은 차질 없이 잘 진행될 수 있었다. 대응을 잘한 성과로 이 일을 홍보하기도 했으나, 나중에 여러 번 그 상황을 복기해보니 구체적인 대응 과정에서 실무자의 일부 실수가 있었다는 게 파악되기도 했다. 더 상세한 내용을 서술하기 어려운 데다 기술적인 부분이라 이 정도로만 설명하고자 한다. 얼마의 시간이 흐른 후 미국에서 발표한 바에 따르면 러시아의 소행이었다고 한다.

선진국도 마찬가지이지만, 사이버공간이 실질적인 전쟁의 장이 되고 있는데도 중요 정책 결정권자들은 이 부분을 전문가들에게 맡겨두고 크게 관심을 두지 못하는 상황이다. 과학기술 분야에도 관심이 높았던 노무현 대통령 시절에 국가정보원에 사이버안전센터를 설치하고, 박근혜 정부에서 청와대에 사이버안보비서관실을 둔 것이 그나마 잘한 일로 평가받고 있다.

이렇게 어수선한 가운데 출근해보니, 청와대 행정관들은 노타이에 약식 정장으로 대체로 편안한 복장을 하고 있었는데, 특히 지하 벙커는 외부인의 출입이 거의 없는 곳이라 복장이 더 자유로웠다. 머리털 숭숭 빠진 군인 아저씨, 군기 살짝 빠진 경찰 아저씨, 딱 봐도 너무 티 나는 국정원 아저씨 등이 화기애애한 분위기에서 근무하고 있었다.

국정원 아저씨는 사생활에서는 직업을 숨기고 살았는데, 어느 날 아내와 학부모들 모임에 갔다가 "분위기가 무슨 국정원 직원 같아요"라는 이야기를 들었다고 한다. 사람이 오랜 기간 어떤 직업에 충실하면 특유의 분위기가 몸에 배는 것은 어쩔 수 없는 일인가보다.

나는 청와대에 입직한 후 한 달간 양복과 넥타이를 풀지 않았다. 긴장하고 또 긴장하자는 다짐에서였다. 하지만 시간이 지나면서 그 긴장은 어느새 풀어지고 말았다. 비슷한 연령대의 사춘기 자녀들을 키우고 있던 이 행정관들은 동병상련의 고민들을 하는 아빠들이었고, 월요일 아침 회의 전 차담 시간이면 주말 동안에 있었던 자녀들의 만행을 서로 고발하고 신세 한탄을 하는 중년 가장들만의 공감대가 있었기 때문이다.

국가 사이버 안보 정책이라는 중요한 일을 담당하는 사람들로 그 분야 최고의 전문가들이었지만, 한편으로는 한 가정을 이끄는 고단한 중년의 가장들이었다. 그래도 같이하면서 위로와 회복의 시간을 누릴 수 있었다.

변호사가 사이버공간에서 무슨 일을?

✦

사이버안보비서관실에서는 매일 나라 전체의 인터넷 침해 사고 현황을 체크하고 거시적인 사이버안보정책을 총괄했다. 모니터가 쫘악 펼쳐진 곳에서 안경 낀 해커, 크랙커들이 바쁘게 자판을 두드리며 해킹을 하거나 방어를 하며 국내외 정보를 수집하고 댓글을 달고 그러는 곳이 아니다. 보안관제센터가 있는 실무적인 기관들은 몇몇의 다른 국가기관에 있었다.

청와대 사이버안보비서관실은 국가의 전반적인 사이버 공격·방어 현황을 확인할 수 있는 망이 깔려 있다는 것 외에는 사무직 공무원의 공간과 별반 다르지 않았다. 아마도 전산망 보호 때문에 그런 것이겠지만, 굳이 벙커에 있어야 하는지 의문이 들기도 했다.

자타가 인정하듯 우리나라는 인터넷 사용 환경이 가장 발달한 나라다. 그만큼 사이버 공격도 많이 벌어진다. 이른바 2003년 1·25 인터넷 대란, 2011년 4·12 농협 전산망 마비 사건, 2013년 3·20 전산망 마비 사태, 2018년 평창올림픽 개막식 사이버 공격 등 굵직한 사이버 공격들이 있었다. 그리고 각 사건이 벌어질 때마다 공격 배후로는 주로 북한이 지목되었다.

문제는 북한이 주요 사이버 공격의 배후라는 근거가 너무 부실하다는 점이다. 과거에는 대규모 사이버 공격 사건이 발생하면 수사기관인 경찰이나 인터넷 전문 기관인 한국인터넷진흥원(KISA)에서 분석에 나서지만 종국에는 국정원이 모든 자료를 독점한 후 뚜렷한 근거 없이 북한이 공격원점이라는 결과를 발표하는 사례가 여러 번 반복되었다.

나를 포함하여 많은 일반 국민들은 국정원이 북한이나 사이버 공격 분야에 탁월한 전문성이 있을 것으로 믿고 그 발표를 대체로 신뢰하고 시중에 떠도는 다른 이야기들은 음모론 정도로 여기고 있었다. 그런데 사이버 분야의 전문가들을 만나보고 나름 공부를 해보니, 나의 평범한 상식과는 다른 이야기들을 많이 보고 들을 수 있었다. 우리나라의 사이버공간을 공격하는 것은 북한뿐만이 아니라 중국, 러시아 등 여러 나라가 있었고, 어느 나라를 특정하기 어렵도록 여러 곳을 우회하여 공격이 이루어지고 있었다.

그리고 수사 활동과도 관련해 왜 수사기관이 아닌 정보기관이 명확한 법적 근거도 없이 민간의 개인 정보를 독점하여 접근하는가라는 국민의 기본권 보호에 관한 문제와, 그 정보기관의 실력이 민간 기관이나 수사기관에 비해 정말로 전문적인가라는 전문성의 문제, 그리고 국가기관이 기술적인 침해 정보를 독점함으로써 민간 보안산업의 발달을 저해할 수 있는 가능성의 문제가 쟁점이 된다. 뿐만 아니라 북한을 비롯한 중국, 러시아는 물론 동맹국인 미국 등 주요 해킹 국가들의 현실적인 사이버 전장 활동에 대비할 근본적인 방안에 관한 질문역시 사이버안보 분야의 꺼지지 않는 주요 쟁점이다.

조사든 수사든 사이버 공격 사고를 분석하는 과정에서 민간인의 컴퓨터와 개인 정보를 확인하기 위해서는 법률에 명확한 근거가 있어야 하는데, 국정원의 사이버 영역에 대한 업무 범위도 법률에 명확하게 규정되어 있지는 않고 '국가사이버안전관리규정'이라는 대통령 훈령으로만 정해져 있는 상황이었다. 입법의 필요성이 제기되어왔으나, 쉽게 결론내릴 수 없는 문제였다.

이 복잡한 쟁점들은 결국 국가정보원이 독점하며 해결하던 사이버 공격의 예방과 방어, 원인 분석과 복구, 책임 소재와 처벌의 문제를 수사기관인 검찰, 경찰, 그리고 과학기술정보통신부 산하의 한국인터넷진흥원, 군사안보지원사령부 및 사이버작전사령부 등 민·관·군에 어떻게 적절히 권한을 배분하고 기관 간의 협력을 이루어 최선의 안보 시스템으로 만들 것인지에 관한 문제였고, 이것을 법규로 제도화시켜야 하는 상황이었다.

정보의 독점은 반드시 부작용을 낳는다. 미국의 경우에도 과거 CIA, FBI, 국토안보부 등이 자신들만의 정보를 독점하여 기관 간 정보 교류에 매우 인색했는데, 9·11 테러 사건을 겪은 이후 모든 정보기관이 협력 체제로 전환되었다. 우리도 다시 더 큰 사건이 있기 전에 정보 독점을 막아 기관 간 정보 권한을 분산하는 동시에 분산된 정보를 원활히 교류하는 기관 간 협력 체제를 만들어야 했다.

사이버안보비서관실에는 국정원, 과학기술정보통신부,

인터넷진흥원, 군사안보지원사령부, 경찰청 등에서 파견된 유능한 직업 공무원들이 있었는데, 늘 분위기가 좋다가도 인터넷 거버넌스 문제로 가면 결코 양보하지 않고 팽팽하게 대립하여 험악한 분위기가 연출되기도 했다.

대체로 정보기관과 수사기관이 대립했는데, 선과 악의 문제나 옳고 그름의 문제가 아니라 정책 선택과 권한 배분의 문제라 더욱 본인이 소속된 기관의 입장을 굽힐 수 없는 상황이었다. 국정원은 국정원대로 특유의 애국과 충정을 강조하며 참여정부 때 설치한 국가사이버안전센터를 운영하고 있었고, 수사기관과 민간 기관은 국정원의 정보 독점에 대해 경험적으로 쌓인 오랜 반감을 가지고 있었다.

이런 상황을 조정하는 것이 어공의 역할이다. 어공은 국민의 위임을 받은 통치권자의 국정철학을 이해하고 실현하기 위해 공무원이 된 사람이므로 늘공들과 정부 기관을 때로는 어르고 때로는 달래며 조정자 역할을 해야 한다.

청와대 입직 직후 나는 '민관군 협력 기반의 사이버안보 체제 확립'이라는 국정과제에 맞추어 국정원에 과도하게 집중된 사이버 관련 권한을 공공 분야로 명확히 한정시키고, 이와 관련한 국정원의 업무 역시 국가안보실의 통제를 받는 방식으로 권한을 대폭 분산하기로 마음먹고 세부 법 규정 정비 작업에 착수했다. 하지만 대통령 보좌 기관임에도 대통령 훈령의 개정조차 쉽게 이루어낼 수 없었다. 어줍잖게 언성도 높여가며 여러 번에 걸쳐 관계 기관 회의를 개최한 끝에 개선 방안을 준비해나갈 수 있었다.

✦

대통령 업무 보고에서 사고 치다

✦

✦

국가안보실의 대통령 업무 보고가 있었다. 그사이 조직 개편이 있어 사이버안보비서관실은 사이버정보비서관실로 바뀌었다. 실장, 차장, 수석 등 최고위급 주요 인사가 참석한 자리에서 행정관인 나는 어렵사리 배석하여 비서관의 뒷자리 말석에 앉게 되었다. 사이버안보의 체계 정립에 관한 비서관의 업무 보고가 진행되었다.

"OK, 잘했다. 그렇게 개선하면 사이버 안보에 있어서 공공 영역과 민간 영역 사이에 균형이 이루어지고 민간 정보가 잘 보호되겠다. 그대로 시행해라."

당연히 나는 이런 말을 기대했지만, 아뿔싸, 대통령은 그보다 더 큰 시야에서 국가안보와 국민의 정보 보호를 걱정하며 국정원의 전문성도 잘 활용하여 사이버안보를 튼튼히 할 방안을 주문했다. 이제 이분은 민간의 인권 변호사가 아니라 국가 전체의 안위를 먼저 생각하는 통치자였다. 어렵게 마련한 개선안이 물거품이 될 상황이었다.

뒷자리 말석에 배석했던 나는 벌떡 일어섰다. 본래 비서관이 대통령에게 보고하는 자리에서 뒤에 배석한 행정관이 일어나 발언하는 것은 상식과 절차에 맞지 않는 일이다. 하지만 어공의 사명감에 불타던 나는 비서관의 보고에 이어 추가 설명을 하기 위해 벌떡 일어섰던 것이다.

마침 독한 감기에 걸려 목소리도 잘 나오지 않았는데, 주저리주저리 사이버안보의 개혁 과제와 현황을 설명드렸다. 질책을 감내하고 옷을 벗을 각오까지 했다. 그런데 대통령은 "저 놈은 뭔데 갑자기 끼어들어서 저렇게 떠드나?" 하고 질타한 게 아니라, 행정관의 돌발 발언을 끝까지 차분히 듣고는 "아 그래요? 그렇다면 그런 부분들을 다시 한번 검토해서 보고해주세요"라고 지시했을 뿐이다.

안도감과 함께 존경심이 마구 샘솟았다. 문재인 대통령을 가까이에서 보좌하는 사람으로부터 들은 이야기인데, 대통령은 웬만해서는 다른 사람의 말을 끊지 않는다고 한다. 자기 말만 하는 사람들과는 다른 이해심을 가진 분이었다.

대통령의 지시 사항과 말씀을 여기에 구체적으로 다 옮길 수는 없지만, 대체로 사이버 테러를 방어할 방안과 국제사회의 사이버 안보 거버넌스 형태를 검토하여 다시 보고하라는 취지였다. 나로서는 아쉬움도 있었지만 최소한 개선안의 골격은 유지할 수 있어서 다행이었다.

하지만 그 골격에 살을 붙이고 추진하는 과정에서 나는 민정수석실 산하 반부패비서관실로 보직이 바뀌었다. 이후에도 사이버 분야에 관심을 기울였으나, 보직이 달라졌으므로 그 이상의 역할은 할 수 없었다.

사이버안보비서관실에서 만난 사람들과의 추억은 나에게 매우 소중한 기억이다. 생소한 분야에서 공직 생활과 그 외의 많은 것들을 배웠다. 하지만 아직까지도 한 민간 분야 전문가의 말이 가슴 아프게 마음속에 남아 있다.

"국장님, 아무리 그렇게 애를 쓰셔도 이 분야는 바뀌지 않아요. 국정원 중심의 체제는 바뀔 수가 없고요, 솔직히 국장님이 그렇게 애를 써도 바뀔 거라고 기대하지 않습니다."

개혁은 어려웠다. 혁명보다 어려웠다.

그래도, 듣기 좋으라고 한 의례적인 말일 수도 있겠으나, 과거보다는 훨씬 국가기관 간의 정보 공유와 협력이 잘 이루어지고 있다고 평하는 사람들이 있어서 그것으로나마 '밥값은 했구나' 하는 작은 위안을 삼는다.

에셜론의 공격과 정보공개 청구

나는 국가안보실에 근무하는 유일한 법률가였다. 그래서 국가
안보실 행정심판위원회의 업무도 맡았는데, 사이버안보비서
관실을 상대로 집요하게 정보공개 청구를 하는 민원인이 있었
다. 법원이나 검찰 주변에는 편집증적인 일부 민원인들이 항
상 진을 치고 있는데, 청와대도 다르지 않았다. 오히려 더 많
았다.

　이 민원인은 본인이 '에셜론'이라는 집단으로부터 사이버
전파 공격을 당해 두통에 시달리고 세뇌를 당했다고 주장했
다. 에셜론은 세계 통신망을 배후에서 감시하고 움직이는 이

른바 파이브 아이즈Five-Eyes(미국, 영국, 호주, 뉴질랜드, 캐나다)를 포함한 서방 국가의 정보기관 연합 세력으로, 냉전시대에 공산국가의 통신을 도청했고, 이후에도 전 세계의 라디오, 레이더, 유무선 전화, 이메일 등 모든 통신망을 도청해 테러 등을 막는 일을 하고 있다고 주장했는데, 실존하는 기관인지는 나도 잘 모른다.

위키리크스 등의 폭로 사태도 있었고, 예전에 어떤 TV 프로그램에서는 냉전시대에 어느 나라가 적국 대사관에 전파 공격을 가해 사람들을 원인 모를 질병과 환청 등 정신질환에 빠지게 하는 사례가 있었다는 방송을 하기도 했으니, 전혀 허무맹랑한 이야기는 아닌 듯싶다.

그래서 이 민원인은 자신을 괴롭히고 있는 에셜론에 대응할 국가위기관리기본지침, 사이버위기대응매뉴얼 등의 규정을 공개해달라며 줄기차게 정보공개 청구를 하고 있었다. 약간의 편집증 내지는 망상으로 보이는 에셜론의 공격 부분을 빼고는, 문체가 나름 논리적이고 합리적이었다.

법률가로서 나는 법적으로 그의 요구를 거부할 정당한 사유가 없다고 생각해 해당 규정의 몇몇 부분을 가리고 일부 공개할 생각이었다. 세월호 사건 당시 청와대의 책임을 피하기 위해 국가위기관리기본지침을 임의로 수정했던 박근혜 정부 국가안보실의 사례도 국가기관의 과도한 비밀주의가 초래한 결과라고 생각했다.

국가위기관리기본지침이나 사이버위기대응매뉴얼은 그 이름이 갖는 무게에 비해 그리 특별한 내용이 담겨 있지 않다. 그야말로 기본 지침이기 때문에 각종 위기 시 담당 기관의 권한과 책임을 일반적으로 기재한 것에 불과했다. 비밀로 분류되어 있기는 하지만 세부적인 행동 전략이 아니기 때문에 이를 공개한다고 해서 국가안보에 그렇게 중대한 영향을 미친다고 보기도 어려웠다. 그래서 다소 이상한 민원인의 요청이라해도 법적으로 명확한 비공개 사유가 없다면 가급적 공개하여 투명한 정부를 만들어야 한다고 생각했다.

하지만 여러 동료들이 말렸고, 결국 나는 내 주장을 굽혔다. 이것으로 내가 세평과 달리 그리 고집이 센 사람이 아님을 강변해본다. 지금 생각하면 내가 조금 순진했던 것 같다. 변호사의 관점에서는 공개해도 된다고 생각할 수 있겠지만, 국가안보실 직원의 입장에서는 공개하지 않는 것이 맞는 판단이었기 때문이다.

청와대에는 수많은 정보공개 청구가 제기된다. 처음에는 행정적인 번잡스러움이나 민간의 오해가 좀 있더라도 법에 보장된 국민의 권리이기 때문에 가급적이면 투명하게 공개해야 하고, 법에 정해진 비공개 사유는 엄격하게 해석하는 게 맞다고 생각했다. 하지만 엉뚱한 요청이 반복되는 것을 경험하면서 시간이 갈수록 생각이 바뀌어갔다.

무언가를 공개하면 그에 억측이 더해지면서 꼬리에 꼬리를 무는 오해와 음모로 다시 다른 것을 공개하라는 요구가 이어지고 이에 응대하느라 불필요한 행정력의 낭비가 너무 크다. 나름의 고급 인력들이 작은 행정 절차에 매달리느라 정작 해야 할 중요한 일들을 하지 못하는 경우가 많았다.

어공의 시간은 한정되어 있다. 그래서 때론 과감히 선택해야 한다. 온갖 음모론과 곡해가 난무하는 세상이니 명백히 이상하거나 사소한 것들은 가능한 한 비공개하는 것이 낫겠다고, 청와대에 몇 년 근무하면서 그렇게 생각이 변해갔다.

자기 합리화의 '비겁한 변명'일 수 있겠지만, 이런 경험들을 통해 나는 주어진 직위에 맞는 역할과 생각을 해야 한다는 걸 다시 한번 느꼈다. 청와대 공무원이 되었는데 민간 변호사처럼 생각해도 안 되고, 민간 변호사인데 국가안보를 책임지는 공무원처럼 생각해도 안 된다.

객관적으로 명백한 사안이 아니라면, 목숨을 걸고 지켜야 할 가치가 아니라면 각자의 역할에 따른 사고를 해야 한다. 어느 것이 옳은 것인지 모호할 때는 내 생각을 고집할 필요 없이 사법부 같은 제3자의 판단을 구하는 것이 맞을 것이다.

조금 다른 일이지만, 비서실에 근무할 때 한 어르신이 "대통령님이 너무 수고하니 전해달라"면서 5만 원짜리 지폐 몇 장을 편지 봉투에 넣어 우편으로 보내온 일이 있었다.

그렇게까지 우리 정부를 지지해주는 분이 있다는 것은 참으로 감사한 일이지만, 이 돈을 처리하느라 행정관 한 명이 며칠을 고생해야 했다. 이것을 대통령께 전달할 수도 없고, 그렇다고 행정관이 꿀꺽 삼킬 수도 없고, 보내온 분과 연락도 안 되어 반환하기도 어려웠다.

국고에 귀속해야 하는지, 그 절차는 어떻게 되는지 고민하다 아마도 국고 귀속이 안 되는 사안이라 끝까지 연락을 취한 끝에 반환했던 것으로 기억한다. 국가기관이라 반환할 때에도 현금을 우편으로 보낼 수 없어 우편환으로 바꾸어 처리했던 듯하다.

　이렇듯 작은 일 하나하나까지 조심하고 절차를 지켜가며 일하려고 노력했다. 그럼에도 불구하고 윤석열 정부가 들어서자 문재인 정부에서 일한 동료들과 상관들에 대해 생트집을 잡아 하루 걸러 한 명씩 수사·조사를 해대고 있으니, 참으로 기가 막힌 노릇이 아닐 수 없다. 윤석열 정부가 일하는 방식과 수사하는 방식을 그들의 기준대로 평가하면 어떤 결과가 나올까? 언젠가 동일한 기준으로 평가받을 날이 오겠지만, 그동안 국가 시스템과 권력의 작용 방식이 망가지는 것을 맥없이 바라보려니 정부 운용을 경험했던 사람 이전에 국민의 한 사람으로서 안타깝고 화가 나는 걸 어쩔 수 없다.

일찌감치 쫓겨날 뻔하여라

✦

코로나19가 창궐하기 이전까지 청와대에서는 각종 소모임이 활발했다. 워낙 다양한 분야, 다양한 기관에서 온 사람들이 모여 협업을 하는 공간이라 그런지, 사적인 취미와 종교 모임 등을 통해 사람들과 친분을 쌓을 기회가 많았다. 가톨릭 교우회나 불교 신도들의 모임이 비교적 참석 인원이 많고 전통이 있는 모임이었다.

나도 청와대에 들어간 직후부터 기독교 신우회를 소개받았다. 직속상관인 비서관이 교회 장로였는데, 수요일 점심시간에 춘추관 지하 강당에서 소수의 기독교 신우회 사람들이 예배를 드린다고 하여, 나도 함께 예배에 참석했다. 신앙심이 그리 깊지 못한 나는 모임에 첫인사를 하는 그날, 죄송하게도 설교 시간에 깜박 잠이 들고 말았다. 새벽 기상에 익숙하지 않다 보니 어디에서든 잠시 눈만 감으면 쉽게 잠들던 때였다.

두 번째 모임에 갔을 때는 정신을 똑바로 차리고 집중하려고 했지만, 역시 졸고 말았다. 기성 교회의 익숙한 예배 형식과 달리 기도와 찬송을 위주로 하는 기도 모임이었는데, 설교는 귀에 잘 들어오지 않고 기도와 찬송도 왠지 모르게 어색한 느낌이 많이 들었다. 신우회를 담당하는 선교사가 미국에서 왔다고 하길래 나는 '아메리칸 스타일'인가보다 하고 말았는데, 정보기관 출신인 비서관은 이 선교사가 정확히 어느 곳에서 신학을 공부했는지, 소속 교단이 어디인지 불분명해 좀 이상하다는 말을 하기도 했다.

두세 번 참석한 이후로 신우회 모임은 포기했다. '잠은 예배당에서 설교 시간에 자는 잠이 제일 꿀맛 같다'는 평소의 부적절한 개인적 신조가 있기도 했지만, 청와대 신우회의 그 '아메리칸 스타일'에 영 적응이 안 돼서 미련 없이 포기했다.

그 선교사가 공직 사회 언저리에서 물의를 일으키고 있다는 사실을 알게 된 것은 상당한 시간이 흐른 뒤였다. 나중에는 기독교 동호회 모임이 두 개로 나뉘어 진행되고 있어서 의아했는데, 그 선교사가 진행하는 모임에 동참하지 않는 사람들이 따로 모임을 만들었다고 했다.

'기독교는 여기서도 분파를 하는구나' 하고 좀 아쉬워했는데, 알고 보니 그 선교사가 하늘에서 직접 계시를 받았다면서 나랏일에 관여하는 듯한 말을 하고 다녔고, 그를 추종하던 직업 공무원의 가정에 문제가 생겨 그 공무원의 배우자가 정부 청사 앞에서 피켓을 들고 시위를 했다는 것이다. 언론 기사를 찾아보니, 그는 이명박 정부 때 청와대 파견 공무원과 인연을 맺었고, 박근혜 정부 때부터 청와대 신우회 모임을 이끌었다고 한다.

그는 박근혜 정부에 이어 문재인 정부 초기까지도 신우회를 이끌다가 결국에는 청와대 내부까지 들어오는 등 사고를 치고 퇴출되었고, 그를 추종하던 직업 공무원들도 원래 부서로 복귀했다. 본래 신우회 등 사적인 모임은 청와대 내부에서 이루어지지 않고 연풍문 등 외부인이 출입할 수 있는 공간에서 이루어지는데, 그 선교사는 직원의 초청으로 청와대 내부 공간까지 들어와서 일종의 '예언'을 풀었던 모양이다. 참고로, 일반적인 기독교는 성경 이외에 신의 직접적인 계시를 매우 경계한다.

　나에게 졸음신이 강림했기 망정이지, 그 모임에 계속 참석하여 그 선교사와 계속 인연을 맺었다면 어렵게 들어간 청와대에서 제대로 일도 못해보고 공직기강비서관실의 조사를 받고 조용히 나올 뻔했다.

4장

민　정　수　석　실

✦

처음부터 잘해야 하는 곳

✦

✦

국가안보실에서 1년쯤 근무해 업무가 익숙해질 무렵, 민정수석실 소속 반부패비서관실로 이동하라는 지시가 내려왔다. 사이버안보의 남은 개혁 과제들을 마무리하고 싶은 마음 때문에 동료들과 상의했는데 사이버정보비서관실 동료들이 축하해주며 어서 가라고, 무조건 가라고 등을 떠밀었다. 늘공들의 공간에서 나를 빨리 내보내고 싶어 그랬을 수도 있겠지만, 호의에서 비롯되었을(?) 그 조언을 참고하여 자리를 옮겼다.

지금은 사라진 민정수석실은 민심을 청취하고 공직 사회

를 감찰하며, 검찰·경찰·국정원·국세청·감사원 등 소위 'ㄱ' 자로 시작하는 권력기관들과 소통하며 개혁을 주도하고 대통령의 국정 운영을 보좌하는 곳이었다. 또한 대통령 주변인들의 비리를 감시하는 곳이기도 했다. 나는 처음에 '민정'의 한자가 民政인 줄 알았는데, 나중에 알고보니 民情이었다. 국민의 사정을 헤아린다는 의미였다.

전통적으로 민정수석실은 검찰 출신의 민정수석이 검찰 권력을 통해 국정 운영을 보좌하는 곳이었다. 과거에는 심지어 검찰의 수사 방향과 결과를 직접 좌지우지하기도 했고, 그게 당연시되기도 했다. 그 시대를 경험한 검사들의 말에 따르면, 대검과 법무부에서는 중요 사건을 처리하면서 "강북에서는 뭐라고 하는가?"라며 청와대 민정수석실의 지시를 늘 고려했다고 한다.

문재인 정부는 막강한 검찰 수사 권력을 통한 국가 통치를 지양했기 때문에 검찰 출신을 민정수석에 임명하는 걸 자제했다. 법무부와 검찰의 대립이 극심해졌을 때 중재를 위해 부득이 검찰 출신 민정수석을 임명하기도 했으나, 법무부와 검찰의 원활한 협력 관계 조성을 위한 노력은 결국 실패로 돌아가고 말았다.

왜 민주 진영의 정부는 늘 주어진 권력을 제대로 휘두르지 않느냐는 비아냥이 있어왔다. 하지만 결과론적인 잘잘못을 떠나 제도적인 지향점이 잘못되었다고 할 수는 없다. 국가와 정부는 언제나 현실적이고 관행적인 이유로 진행되는 부적절한 행위들을 벗어나 제도적인 발전을 지향해야 한다.

나는 개인적으로는 민정수석실의 폐지에 반대하지 않는다. 물론 검찰총장 출신인 윤석열 정부에서 대통령실에 측근 검사들을 대거 앉혀놓고 민정수석실을 폐지한다는 것은 '눈 가리고 아웅'하는 것에 불과하지만, 우병우 민정수석 사건 이후로 '민정'이라는 단어가 국민들에게 주는 뭔가 음습한 위압감이나 고루한 느낌에서 이제는 탈피해야 한다고 생각하기 때문이다. 민심을 살피라고 만들어놓은 곳이 민심에 거리낌을 주는 용어가 되어버렸지 않은가.

민정수석실에서 검찰 권력을 통해 국정을 운영할 것이 아니라면, '민정'이라는 용어 자체는 이제 시대적 소명을 다했다고 생각한다. 김대중 정부에서도 민정수석실을 없앴다가 결국에는 되살렸고, 윤석열 정부도 없앴다던 감찰반 조직을 다시 만들었다는 소식이 들리는 것으로 볼 때, 우리나라의 권력기관 구조와 통치 문화에서 민정수석실의 기능 자체를 없애기는 쉽지 않은 듯하다. 하지만 민심을 파악하고 권력기관을 통제하는 역할과 기능은 유지하더라도, 최소한 권한 범위를 명확히 할 수 있는 좀 더 세련된 용어로 대체하는 것은 필요할 것 같다.

여하튼, 문재인 정부 민정수석실 아래에는 민정비서관실, 반부패비서관실, 공직기강비서관실, 법무비서관실 등 4개의 비서관실이 소속되어 있었다.

반부패비서관실은 과거 사정비서관실이라고도 불렸던 곳으로, 국가기관, 공공 기관과 대통령이 임명하는 고위 공무원들의 부패 상황을 감찰하고 반부패 정책을 총괄하며, 검찰 등 수사기관과 소통하는 곳이었다. 외부 별관에서는 '특별감찰반'이라는 조직이 따로 외근 활동을 수행했다.

반부패비서관을 처음 만나 인사하면서 잘 부탁한다고, 많이 가르쳐달라고 했는데 돌아온 답변이 당혹스러웠다. "처음부터 잘해야 합니다. 여기는 일을 배우는 곳이 아닙니다." 농담 반 진담 반의 답변이었지만, 정신이 번쩍 들었다. 맞는 말이다. 청와대는 일을 배우는 곳이 아니다. 처음부터 잘해야 하는 곳이다. 더욱이 민정수석실이다. 나는 국가안보실에 처음 들어갔을 때보다 더 긴장한 상태로 업무를 시작했다.

반부패비서관은 검찰 공안통이었는데, 윤석열 검사와 함께 국정원 댓글 사건을 수사한 후 좌천되었다가 검찰을 퇴직했던 사람이었다. 스마트하고, 유쾌하고, 매너 좋고, 술도 잘 마시고, 운동도 잘하는, 다 가진 엘리트로 보였다. 조국 민정수석도 그를 깊이 신뢰했던 것으로 알고 있다. 나도 그를 좋아하고 따랐다. 허망하게도⋯⋯.

윤석열 검찰총장의 임명

반부패비서관실로 옮긴 지 얼마 지나지 않았을 때 검찰총장 임명이 진행되었다. 반부패비서관의 움직임이 바빠졌고, 윤석열 서울중앙지검장을 검찰총장으로 임명할 것인지에 대해 윗선에서 계속 논의가 이루어지는 듯 보였다.

국정원 댓글 사건에서 보여준 검사 윤석열의 결기는 대단한 것이었기에, 그가 매우 보수적인 성향의 검찰주의자라는 소문에도 불구하고 나도 내심 잘되었으면 좋겠다는 생각을 했다. 드러내놓고 어떤 분위기가 형성된 것은 아니었지만, 대통령이 임명하는 검찰총장이니 어쨌든 환영하는 상황이었고, 인사청문회가 끝나자 아슬아슬한 마음으로 지켜보던 반부패비 서관실 직원들도 안도의 한숨을 내쉬는 분위기였다.

누가 추천했고, 누가 반대했고, 검증 결과가 어떠했고, 배우자 문제에 대한 풍문이 어떠했고 등등에 관한 이야기는 당시 행정관 수준에서는 알 수 없는 일이었다. 나중에 언론에 나온 기사들과 떠도는 소문들, 또 내가 비서관이 된 후 듣게 된 사실들을 통해 대략적인 내용은 파악했지만, 개인의 명예와 공무상 비밀에 해당하는 부분들이기 때문에 더 자세한 내용은 서술하지 않겠다. 사실 딱히 비밀이랄 것도 없는 게 웬만한 내용은 다 언론에 나와 있다. 세상에는 비밀이 없으니까…….

혹자는 왜 처음부터 검찰 특수부를 개혁하지 않았느냐고 질타하기도 하고, 윤석열 사단을 요직에 등용한 것은 문재인 정부와 조국 민정수석실이 아니냐고 반문하기도 한다. 나역시 이 부분은 두고두고 비판받아도 반박하기 어려운 오판과 업보라고 생각한다.

내가 검찰 개혁에 관여한 일은 없었기에 거기에 대해 뭐라 반박할 말은 없지만, 한편으로는 윤석열을 검찰총장으로 세운 것이 어찌 잘못이라고만 할 수 있겠는가 싶기도 하다.

특별 수사, 인지 수사라는 게 그 자체로 문제가 있는 것은 아니다. 거악 척결을 위해 필요한 정당한 수사력이다. 고소, 고발만으로는 해결되지 않는 사회의 구조적인 비리와 범죄에는 특별 수사, 기획 수사가 필요하기도 하다. 그 수사 자체가 문제가 아니라 정치적 편향, 스스로 돌이키지 못하는 확증 편향이 문제인 것이다.

앞서 사이버안보 거버넌스의 사례를 이야기하면서 내가 민간의 개인 정보 보호를 중시하는 변호사의 입장에서만 생각했는데 대통령은 국가 통치자로서 국가 전체의 안보 역량을 함께 생각했다고 말했다. 검찰 개혁에 있어서도 민정수석실은 국가 전체의 청렴도 향상과 수사 역량을 먼저 생각한 것이다.

민정수석실에서 검찰 개혁 논의가 오갈 때 누누이 강조된 것은 특수부의 수사 역량이 약해지면 정치인과 기업인의 비리가 많아질 수 있으니 국가 전체의 수사 총역량이 줄어들지 않도록 주의해야 한다는 것이었다.

다른 수사기관에 그러한 역량이 부족하다면, 공수처든 경찰이든 그것을 견제하고 대체할 만한 역량을 만들어놓고 그 후 검찰의 과도한 권한을 축소하는 것이 국가를 위한 제도 개혁의 순서라고 생각한 것이 잘못된 일이었을까? 너무 순진했던 것일까?

나중에 검찰총장이 검찰 조직 일부의 자기 확신에 갇혀 자신을 신임했던 대통령의 인사권을 흔드는 상식 밖의 일들이 벌어질 줄 누가 상상이나 했겠는가.

어쨌든 국민들은 그를 대통령으로 선택했고, 지금은 검사들의 시간이다. 그리고 그들은 이제 줄줄이 정치권으로, 총선으로, 대선으로 다시 자리를 옮길 것이다. 공무원의 정치적 중립의무 따위는 힘없는 부처 공무원들 이야기이지, 검사님들의 이야기는 아닌 듯하다.

✦

특별감찰반

✦

✦

반부패비서관실은 정책을 담당하는 내근팀과 외부 기관 감찰을 담당하는 외근팀, 일명 특별감찰반이 분리되어 운영되었다. 나는 1기 특감반 김모 행정 요원 사건이 끝난 후 국가안보실에서 반부패비서관실 내근팀으로 이동했기에 그를 만난 적은 없으나, 나중에 그에 관한 많은 이야기를 듣게 되었다. 그가 얼마 전까지 선출직 공인의 신분이라 많이 알려져 있어 딱히 새로울 건 없지만, 내가 주워들은 풍문을 일부 언급해도 될 듯하다.

청와대 감찰반원들의 직급은 높은 편이 아니고 대개 6급 이하이다. 하지만 청와대 감찰반이라는 권력으로 때로는 정부 부처의 국장급 이상 간부까지 상대하며 정보를 수집하고 감찰하기 때문에 공직 사회에서는 직급과 무관하게 그야말로 저승사자처럼 여긴다.

김모 수사관은 검찰에서 파견된 6급 행정 요원이었다. 그는 이명박 정부, 박근혜 정부 때도 청와대 특별감찰반원으로 있었기에 그를 문재인 정부에서 그대로 채용하는 것이 맞느냐는 고민이 있었다고 한다. 하지만 문재인 정부는 이전 정부 늘공들을 굳이 차별하지 않았기에, 또 그가 반부패비서관에게 여러 정보들을 잘 가져왔기에 검찰 출신 비서관과 감찰반장이 검찰 출신인 그를 그대로 중용했다고 한다.

하지만 그가 자신이 담당하던 정부 기관에 찾아가 자신이 응모할 자리를 만들어달라고 요구했다는 사실이 탐지되었고, 이에 반부패비서관실에서는 그를 근신시키고 파견 기간이 끝나면 곧바로 복귀시키려 했다고 한다. 그런데 그후로도 그가 자중하지 않고 경찰서에 찾아가 지인이 연루된 사건의 진행 상황을 무리하게 요구하는 등 문제를 일으키자, 민정수석실에서는 특감반을 해체하고 그를 검찰로 복귀시켜 징계하기로 한 것이다. 언론에 보도된 바로는 건설업자 등으로부터 골프 접대를 받은 혐의도 있다고 한다.

그를 복귀시킬 당시 '정보를 다루는 사람이니 조심해서 잘 어르고 달래서 승진시키자'는 의견도 있었다고 하나, '우리 정부에서 그런 딜은 있을 수 없으니 원칙대로 처리하자'는 방향으로 정해졌다고 하는데, 이 부분은 풍설이라서 사실인지는 알 수 없다.

그러고 나서 조국 민정수석이 민간인 사찰을 시켰다는 등 그 감찰반원의 주장으로 나라가 떠들썩해졌다. 특별감찰반 쇄신안이 발표되고, 이례적으로 민정수석이 국회 운영위원회에 출석하기까지 했다.

언론은 그가 폭로하는 주장을 확대 보도할 뿐, 그의 비위에 대해서는 기사를 많이 내지 않았다. 그는 자신이 내부 고발 공익 신고자임을 주장하며 유튜버로 변신해 보수 세력으로부터 큰 인기를 얻고 선출직 구청장으로 당선되기까지 했으나, 대법원에서 공무상 비밀누설죄로 유죄가 확정되어 자리에서 물러났다. 1, 2, 3심의 일치된 판결이었고 대법원 주심 판사가 양승태 전 대법원장이 선택한 대법관이었는데도 그는 '정치 재판'이라며 대법원을 비난했다.

그의 폭로로 시작된 조국 민정수석의 소위 '유모 씨 감찰 무마' 사건에서 1심 법원은 특별감찰반이 실무자인 동시에 수사권을 가진 사법경찰관의 지위를 가졌으므로 민정수석이 특별감찰반의 감찰을 중단시킨 것은 유죄라는 취지로 판단했다.

사실관계에 대해서는 나도 알지 못하지만, 실제 감찰 관련 업무를 담당해본 경험으로는 수긍하기 어려운 부분도 있다. 청와대의 모든 감찰반은 독립적인 판사나 검사처럼 일하지 않고 감찰의 시작과 진행 경과, 처리 방향을 항상 상급자에게 보고하고 지침을 받아 일한다. 내가 공직기강비서관실에서 감찰 업무를 수행하는 동안에도 감찰반 실무자가 독자적인 권한을 가지고 감찰의 시작, 진행, 종결 여부를 결정한 적은 단 한 번도 없었다. 만일 실무자들에게 독립적인 수사나 감찰의 권한이 있다고 본다면 현장에서 일하는 하위 직급의 실무자들이 청와대의 이름으로 행하는 권한 남용을 통제하기 어려워진다.

아무튼 이 일로 그 감찰반원도, 유모 씨도 유죄판결이 확정되었고, 조국 민정수석도 1심에서 유죄판결을 받았으니 모두에게 불행한 결말이 되었다. 다만 조국 민정수석의 사건은 아직 판결이 확정된 것은 아니니, 향후 법원의 최종 판단을 관심 있게 지켜볼 일이다.

✦

정보관들의 세계

✦

✦

나는 청와대에 입직하기 전, 그리고 국가안보실에 근무할 때
까지도 정보관들의 세계를 알지 못했다. 국가안보실에 근무할
때에는 청와대 내부에서 일어나는 일들을 언론 기사를 보고
아는 경우가 더 많았다.

벙커에는 대한민국의 육해공에서 일어나는 교통, 통신,
군사, 소방 등 모든 국가적 위기 상황에 대한 정보들이 집약된
국가위기관리센터가 있었고, 또한 북한의 정보를 담당하는 비
서관실도 바로 옆방에 있었지만, 그것은 나의 업무 영역 밖에
있는 일이었고, 그곳은 주로 국가안보와 관련된 정보를 다루

었기 때문에 그곳의 정보가 외부에서 유통되는 일은 없었다.

그런데 민정수석실 소속으로 자리를 옮긴 후에는 대체로 어떤 사안들에 대해 언론 기사가 나오기 전에 아는 경우가 많았다. 공식적으로 정보를 다루는 사람들의 리그를 알게 된 것이다. 그러면서 국가안보에 관한 물적 정보가 아니라 국가기관과 공공 기관의 운영 실태와 기관장, 주요 직위 후보자 등 '사람'에 대한 평가 정보를 접하게 되었다.

문재인 정부에서 국정원의 국내 정보 수집 기능은 폐지되었다. 사실 국가 통치권자의 입장에서 국정원의 국내 정보를 활용하지 않는다는 것은 여간한 결단이 아니면 내리기 어려운 결정이다. 통치권자로서는 그야말로 막강한 음지의 권력을 스스로 내려놓는 일이다. 아울러 어떤 기관의 기능이 폐지되거나 축소되면 그 업무를 수행하던 사람들의 승진이나 좋은 보직으로의 이동이 어려워진다. 권력기관들이 권한을 남용한 불행한 결과다. 국가정보원도, 기무사도 권한을 남용하다 기관의 권한이 축소되었다. 요즈음의 감사원을 보면 언젠가 유사한 수순을 밟지 않을까 싶다.

국정원뿐만 아니라 여러 국가기관에는 합법적으로 정보

를 다루는 공무원들이 있다. 군대에 정보병과가 있고, 경찰이나 검찰에 정보 업무를 담당하는 보직이 있듯, 다른 국가기관에도 정보 수집 업무를 하는 사람들이 있다.

청와대에서 주로 감찰 업무를 담당하는 부서에 이런 정부 부처의 정보관들이 파견되어 있었는데, 청와대 내의 감찰 조직은 어느 한 비서관실에 권한이 집중되는 것을 막기 위해서인지 업무 범위가 비서관실별로 나뉘어 있었다. 군부대 등 안보를 담당하는 기관은 그 기능을 알아볼 수 있는 직관적인 명칭을 사용하지 않고 숫자 등을 사용하듯, 민정수석실 내 감찰 조직도 명칭만으로는 기능을 알아보기 어렵게 되어 있었다.

사람들은 공식 명칭을 보고 공직기강비서관실에서 모든 공직자들의 감찰을 담당하는 줄 알고 있지만, 사실은 그렇지 않다. 민정비서관실, 반부패비서관실 등에도 그 기능이 분담되어 있었다. 모 비서관은 다른 비서관실에는 감찰반이라는 '한 칼'이 있는데 자신이 속한 비서관실에만 감찰 기능이 없어서 힘이 없다는 농담을 하기도 했다.

정보관들은 각자 출입하는 정부 부처가 정해져 있는 편인데, 평소에 기자, 노조, 수사기관, 기업의 대관 업무를 담당하는 사람들 등과도 다양한 네트워크를 형성하며 인맥을 만든다. 이들이 공공 영역 이외의 정보를 탐지하거나 보고하는 것은 금지되어 있었지만, 정보가 그렇게 딱 구분되지 않고 공사 영역이 혼재되어 있는 경우도 있기 때문에 그 업무가 남용되지 않도록 통제하는 것은 매우 중요한 일이었다.

하지만 이들은 외근이 많기 때문에 내부에서는 보고받는 내용 이외에 그들이 어떤 수준의 정보를 수집하고 있는지는 알 도리가 없다. 스스로 민간인의 정보를 수집하고 이를 보고하지 않으면 상사로서는 알 수 없는 것이다. 그래서 내가 감찰 업무에 관여하고 있을 때에는 감찰 실무 직원들이 단독으로 활동하지 않고 2인 1조 등 팀으로 활동하게 했다.

언젠가 한번 수사기관 범죄정보과에서 특정인을 옭아매기 위해 민간인과 관련된 비리 정보를 캐고 다닌다는 소위 '증권가 찌라시'를 보고 충격을 받은 일이 있다. 수사라는 게 항상 공평무사하게만 이루어지는 게 아니라는 것은 변호사 시절부터 알고 있었지만, 혐의가 확인되어서가 아니라 특정인을 타깃으로 범죄 정보를 '캐내는' 일이 벌어지고 있다는 것을 실제 접하니 다소 충격적이었다. 그야말로 증권가 '찌라시'였기를 바랄 뿐이지만, 최근에 일어나는 일들을 보면 단순한 풍문 수준을 넘는 정보였던 듯싶다.

엄격히 구분되는 용어는 아니지만, 첩보와 정보는 의미가 조금 다르다. 첩보는 근거가 미약한 풍문 수준의 정보인 경우가 많기 때문에 신뢰할 수 있는 내용인지를 판단, 식별하는 것이 매우 중요하다. 아무리 대상자가 공무원이라지만 여차하면 애먼 사람의 인권을 침해하는 경우가 있을 수 있다. 한편으로는 정보관들도 늘 자신이 생산한 정보를 보고하고 성과를 내서 평가받아야 하기 때문에 작은 일을 침소봉대하거나 단순한 풍문을 신뢰도 높은 정보인 것처럼 작성하는 경우도 있다. 풍문의 실체를 확인해보면 사실이 아닌 경우가 매우 많았다. 그래서 풍문을 기초로 사람을 평가하는 것은 맞지 않다.

그럼에도 언제나 풍문이 난무하는 것은, 남의 뒷말을 즐기는 나쁜 속성 때문인 듯하다. '나쁜 소문은 맛있는 음식과 같아서 사람들은 그것을 먹기 좋아한다'는 말이 있다. 사람은 생각보다 비합리적이고 정서적이기 때문에 인간의 불완전성에 기대어 사람에 대한 선입견을 주입하려는 의도로 풍문이 난무하는 게 아닌가 싶다.

청와대 감찰 조직은 특별히 법규로 정해진 경우가 아니면 민간인을 감찰할 수 없으나, 검찰이나 경찰 같은 수사기관은 민간인의 범죄 정보를 캐고 다닐 수 있다. 그리고 이 '범죄 정보'라는 것이 어느 수준인지는 매우 불명확하고, 수사기관의 정보관은 그래서 더욱 민감하다. 대부분의 사람들은 충직하고 입이 무겁지만, 어느 조직에나 일탈하는 소수의 사람들은 있다. 권한을 넘는 정보들을 수집해 가지고 있다가 자신이 불리할 때 이를 터트리거나, 소위 '딜'을 하는 경우도 있다.

　일반적인 관료나 나와 같은 사람들은 그런가보다 하고 넘어가는 정보들도 이들은 언젠가 이슈가 될 것을 직감적으로 알고 자료를 준비해두거나, 때로는 스스로 유통시켜 이슈를 만들어내기도 한다. 기본적으로 정부와 국정철학을 같이하는 것처럼 보이지만, 어쨌든 이들의 본질은 일반 직업 공무원이다. 특정 정권의 지향점과 상관없이, 여야를 넘나들며 그들만의 리그에서 정보를 공유하고 재생산하며 상관에게 좋은 정보를 제공하여 조직에서 인정받고 승진하는 일에 우선적으로 관심을 둔다. 공직에서 퇴임한 후 사기업의 대관 업무팀으로 가는 사람들도 주로 이 정보 보직의 사람들이다.

　그래서 정보관 관리는 매우 조심스럽게 진행되어야 한다. 충성을 약속하지만 칼을 들고 있을 수도 있다. 정해진 법의 테두리를 벗어나지 않도록, 오버하지 않도록 늘 가까이서 지켜보아야 한다. 인간적인 유대감이 먼저 있어야 이들과 소통할 수 있지만, 그 유대감 역시 언제나 믿을 수 있는 것은 아니다.

　다행히 나와 함께했던 감찰 직원들은 특별한 사고 없이 맡은 임무들을 잘 수행했다. 단지 문재인 정부 청와대에 근무했다는 사실 때문에 친정 기관에서 좋은 대접을 받지 못하고 한직으로 밀려나거나 퇴직한 사람들도 있어 매우 안타까울 따름이다.

✦ 반부패정책협의회 ✦

✦

감사원, 검찰, 경찰, 국정원, 국세청, 금융감독원, 공정거래위원회 등에서 파견된 서기관급 직원들로 구성된 반부패비서관실 내근팀은 부패 방지에 관한 정책을 담당했는데, 국민권익위원회와 함께 대통령이 주재하는 반부패정책협의회를 정기적으로 개최하는 것도 주된 업무 중 하나였다.

　보통 대통령이 참석하는 행사는 2개월여 전부터 기획조정실무회의에 안건으로 상정한 후 기획조정회의까지 통과하고 의전비서관실, 부속실 등과 협의해야 일정이 잡힌다. 대통령의 참석을 요청하는 행사가 워낙 많기 때문에 공·사 기관을 막론하고 담당 부처나 기관에서는 수년간 심혈을 기울인 의제라고 하더라도 기획조정실무회의에서 순식간에 '킬'을 당하기 십상이다.

대통령이 직접 참석하는 행사, 영상 메시지를 전달하는 행사, 축전만 보내는 행사 등 대통령의 관여 범위에 따라서 그 행사의 규모나 언론 노출 범위가 달라지기 때문에 정부 기관이나 민간 단체에서는 대통령을 모시기 위해 심혈을 기울인다. 대통령 참석이 불발된 기관의 입장에서는 국가적으로 중요한 일인데 왜 대통령님이 참석을 안 해주느냐며 불만을 갖기도 하지만, 그런 행사만 하루에 수십 개씩이다.

그래서 대통령 임석 행사를 결정하는 것도 큰 권력이다. 담당 비서관실이 있지만 한 사람이 결정하는 게 아니라 회의를 통해 결정한다. 나 역시 내가 준비한 안건이 기획조정실무회의를 통과할 수 있도록 미리 참석자들에게 최대한 읍소해야 했다. 주로 선임행정관급 이상인 회의 참석자 중 여럿이 동의해야 통과되기 때문에, 알 만한 사람들과 식사라도 한 끼 같이하며 미리 행사의 취지와 필요성을 충분히 설명하여 우군을 얻어놓는 게 중요했다. 그렇지 않으면 정말 몇 주간, 심지어 몇 달간 준비한 안건이 몇 초 만에 잘려나갔다.

반부패정책협의회는 국민권익위원회 주관으로 1년에 한두 번 주요 사정 기관장들이 모여 함께 중점적으로 추진할 정책을 마련하는 회의인데, 이를 개최하려면 수개월에 걸쳐 의제를 준비하고 실행 계획을 마련해야 한다. 내가 근무하는 동안 논의된 주요 안건으로는 채용 비리 척결, 사학 비리 감찰, 탈세 방지, 부동산 투기 방지, 공직자 이해 충돌 방지 방안 등등이 있었다.

좀 당혹스러웠던 일도 있었다. 반부패정책협의회에서 퇴직 공무원의 전관 예우 방지 대책을 회의 주제로 선정했을 때였다. 이것은 개혁 과제였고, 각 부처와 기관에서는 하기 싫었겠지만 민정수석실에서 강한 의지를 보이니 나름대로 성의 있는 대책들을 준비해서 실행 계획을 발표했다. 그런데 유독 법무부와 검찰은 전관 예우 방지를 위한 정책을 준비해오는 대신 관련 협의체를 만들어서 논의부터 시작하자는 의제를 발의하는 데 그쳤다. 정책을 만들어온 게 아니라 정책을 협의할 논의 기구를 만들겠다는 것이었다. 개혁을 싫어하는 조직의 태도를 여실히 느낄 수 있었다.

공무원 조직이 개혁을 하기 싫을 때 하는 일이 각종 회의체의 구성이다. 회의체 구성하는 데 한세월, 안건 논의하는 데 한세월, 민감한 주제일 경우에는 회의체 구성원 간에 이래저래 다투며 또 한세월 보내면 선출 권력의 힘이 빠지고 정책 추진력도 약해진다. 결국 유야무야 반걸음도 못 나간 정책 한두 가지에 그치고 만다. 그래서 시간은 늘 공의 편이다.

법무부와 검찰의 갈등이 심해진 이후에는 그나마도 반부패정책협의회를 내실 있게 여는 것이 어려워졌다. 법무부 장관과 검찰총장이 협의회 참석 대상인데, 나라가 떠들썩한 시기에 협의회를 열어 장관과 총장이 청와대로 오면 준비한 정책 성과와 과제는 오간 데 없고 요란하고 자극적인 제목만 언론에 기사화되기 때문이다.

한국 사회의 관행적 부패를 청산하고 공정 사회를 만들기 위해 거대 담론부터 세부 정책까지 논의했던 반부패정책협의회는 결국 많은 성과를 거두었음에도 불구하고 정부 말에는 힘을 잃고 그 성과를 제대로 홍보하지도 못했다.

하지만 권위 있는 국제기구인 국제투명성기구에서 해마다 발표하는 국가 청렴도 순위에서 대한민국은 2017년 51위에서 문재인 정부 5년 동안 계속 상승해 2022년에는 32위로 19단계 상승했다. 문재인 정부 임기 내 목표했던 20위권 진입을 달성하지는 못했지만 괄목할 만한 성과였다. 윤석열 정부가 반년을 집권한 후인 2023년 초에는 31위로 1단계 더 상승했다. 대한민국은 이제 선진국의 반열에 들어선 나라이기 때문에 어느 정부 구분 없이 청렴도에서도 더 성장해야 한다.

특히 언론의 자유는 세계 최고 수준이지만 언론의 공정성은 하위권을 면하지 못하고 있는데, 그러한 평가의 이유로 언론이 상업 자본에 구속되어 있다는 것을 지적받고 있다. 자본에 구속된 상황을 넘어서 이제는 언론 자체가 노골적인 정치 세력이 되어버려, 언론이 누군가의 정치적 중립성을 비판하는 게 제일 모순된 이야기로 들리는 세상이다.

고위공직자범죄수사처 설립준비단

2023년 고위공직자범죄수사처 시무식에서 수장이 눈물을 흘리며 찬송가를 불렀다는 게 보도되면서 비난이 빗발쳤다. 나도 기독교인이지만, 중요 국가기관 수장의 처신이 좀 안타깝고 서글프다.

고위공직자범죄수사처 설립은 김대중 대통령 당시부터 논의되었던 사안으로, 참여정부뿐 아니라 문재인 정부에서도 주요한 국정과제 중 하나였다. 민주화 이후 검찰이 너무 비대해져 견제받지 않는 권력이 되어버렸고, 검찰 권력은 아무래도 보수 성향의 정부보다는 개혁 성향의 정부에 적대적인 것도 부인할 수 없는 현실이다.

진영 논리를 떠나, 지구상에 존재하는 민주국가의 검찰 가운데 가장 강력한 권력기관이 되어버린 검찰의 힘을 반드시 분산할 필요가 있었다. 민주주의 관점에서는 한 기관에 권력이 과도하게 집중된 것 자체도 문제이지만, 권력 독점 조직에서 쉽게 볼 수 있듯 내부 비리에 대해서는 온정주의가 만연해 있다는 점도 큰 문제였다.

개개의 검사들은 대부분 권한을 남용하기보다 조심하여 사용하려 하고 나름의 사명감과 직업윤리가 강한 사람들이지만, 검찰 조직 자체는 하나의 '레비아탄'이 되어버린 상황이다.

2004년경 내가 사법연수생이던 시절, 부장검사가 강의하는 어느 수업시간에 당시 논의되던 '공직자비리수사처'의 필요성과 설립 가능성에 대해 문의한 적이 있는데, 당시 그 검사는 단번에 웃으며 확언했다.

"공비처요? 에이, 그거 설립 안 됩니다."

2020년 초, 오랜 진통과 우여곡절 끝에 국회에서 고위공직자범죄수사처 설치에 관한 법률이 통과되었다. 격렬한 사회적 논쟁과 국회에서의 커다란 진통 끝에 출범이 확정된 것이다. 공수처는 법률상 독립기관이기 때문에 청와대가 직접 나서서 공수처를 설립하는 것은 바람직하지 않았다.

하지만 공수처를 설립하기 위한 임시 기구인 '공수처설립준비단'을 설치하고 지원하는 역할은 전 부처를 통할하는 국무총리실과 청와대가 담당할 수밖에 없었고, 민정수석실에서는 그 역할을 반부패비서관실에서 맡았다.

법에 정해진 기한에 따라 단 몇 개월 만에 새로운 수사기관 하나를 설립해야 하는 대단히 어려운 일이었지만, 새로 임명된 검찰 출신의 반부패비서관은 강한 추진력으로 공수처설립준비단의 설치를 독려했다.

유사한 독립기관인 국가인권위원회의 과거 설립 과정을 참조하여, 정부 광화문 청사에 여러 부처 공무원이 파견되어 국무총리 소속 공수처설립준비단이 설치되었다. 설립준비단 단장을 모시는 일도 쉽지 않아 여러 인사에게 의사를 타진했지만 이런저런 이유로 번번히 거절당했다. 공정성이 중요한 기관이었기 때문에 가급적 정치적 색깔이 없는 분을 모시는 게 중요했다.

시설 분과에서 공수처 건물을 물색하는 일도 꽤 힘들었는데, 몇몇 후보지가 번번이 이런저런 문제로 탈락하고 결국 과천 정부 청사로 낙점되었다. 독립된 청사를 제공하지 못한 것도 아쉬운 일이 아닐 수 없다. 하지만 제한된 여건 속에서 할 수 있는 최선을 다해 한 걸음이라도 나아가자는 것이 당시의 분위기였다.

반부패비서관실의 협력 업무였기 때문에 나를 포함한 행정관 일부가 공수처설립준비단의 설립을 도왔는데, 정부 부처에서 파견된 공무원들의 업무 능력이 청와대 직원들 못지않게 훌륭해서 어려운 난관을 잘 해결해나갈 수 있었다.

나는 법령 분과에서 공수처법의 내용을 검토하고 구체적인 시행령안의 제정 작업을 도왔다. 당시 국회에서 통과된 공수처법을 살펴보니, 큰 소란을 겪으며 다소 강하게 밀어붙이는 가운데 정치적 타협으로 만들어진 산물이어서인지 법률적으로는 매우 불완전하고 미진한 부분이 많고, 향후 개정되거나 해석을 통해 확정되어야 할 내용도 많았다. 검찰은 그러한 부분을 파고들어 공수처의 권한을 최대한 축소 해석하려 했고, 그 우려는 결국 윤석열 정부 출범 이후 현실이 되었다.

공수처설립준비단에서 준비한 시행령안이나 규칙안은 그야말로 준비안에 불과했기 때문에 향후 공수처가 설립되고 공수처장이 정해지면 그대로 확정할지 수정할지는 보장되지 않는 내용들이었다. 하지만 신설 기관이 최대한 빨리 안착하도록 세부 규정안을 준비해두어야 했다.

공수처 검사로 지원하는 사람들 가운데 나에게 개인적으로 여러 가지 문의를 하는 경우도 있었다. 하지만 죄송스럽게도 아무런 대답도 도움도 줄 수 없었다. 청와대는 공수처설립지원단의 업무를 지원할 뿐, 법률상 공수처가 설립된 이후에는 그 운영에 관여할 수도 없었고, 특히 검사의 임명권이 대통령에게 있다고 하더라도 청와대 행정관이 조금이라도 개인적으로 개입하는 것은 큰일 날 일이었다. 역사적인 기관이 출범하는 데 작은 흠이라도 생기면 커다란 정치적인 문제가 발생할 일이었다.

이렇게 공수처설립준비단 업무를 열심히 돕던 와중에 나는 다시 갑작스럽게 보직 변경을 통보받았다. 반부패비서관실로 옮긴 지 1년여가 지나던 무렵이었다. 청와대에 근무한 지 2년이 훌쩍 넘었기 때문에 업무 피로도가 쌓여 이제 그만 퇴직하고 싶은 마음도 들던 시점이었다.

공수처 설립 시한이 얼마 남지 않았는데 내가 옮기는 것이 맞는가 하는 고민도 있었지만, 어느 조직이든 내가 아니어도 나보다 더 잘할 사람은 언제나 많았다.

현재 공수처가 제 역할을 못하는 상황을 보면서, 부장검사로 임명된 사람에 대한 언론 기사를 보면서, 설립 준비를 도왔던 한 사람으로 공수처가 또 하나의 친정부 검찰 특수부로 전락하는 것이 아닌가 하는 우려와 안타까움이 크다.

　하지만 신생 국가기관이 제 역할을 하기까지는 많은 시간이 필요하다. 헌법재판소도 제대로 자리를 잡는 데 10년이 훨씬 넘게 걸렸다. 윤석열 정부가 기왕 만들어진 공수처를 폐지하거나 자기 사람을 심으려고만 할 게 아니라, 그 역할과 독립성을 더 강화하고 기능을 지원해준다면 공수처는 대한민국 고위 공직자와 수사기관의 청렴도를 높이는 데 큰 기여를 하는 좋은 국가기관이 될 것이다.

꼭두새벽의 언론 스크랩

청와대 행정관들이 육체적으로 고달파하던 업무 중 하나는 언론 스크랩이다. 청와대는 생각보다 언론에 매우 민감하게 반응했고, 언론 대응은 매우 비중이 큰 업무였다.

비서관실마다 사정이 다르기는 하지만, 대체로 해당 비서관실의 업무와 관련된 언론 기사를 새벽에 스크랩해서 비서관과 수석비서관에게 보고하는 일이 일과의 시작이었는데, 주로 당번을 정해서 순번제로 일했다.

과거에는 신문사마다 본기사의 초안이라 할 수 있는 '가판'을 발행해 기사에 나온 기관들과 사전에 협의하거나 광고를 받거나 하는 것으로 기사 수준을 조율하는 부조리한 관행이 있었다고 하는데, 인터넷 시대에는 언론도 발전해서 '가판'을 내는 관행은 사라진 지 오래였다.

하지만 여전히 새벽 신문 스크랩은 청와대 행정관의 주요 업무 중 하나였다. 신문 스크랩 당번은 보통 새벽 5시 전후에 출근해서 1시간가량 언론 기사를 검색하는데, 업무에 익숙하지 않은 직원은 더 일찍 출근하기도 했다.

그런데 비서관실에서는 이미 주요 일간지를 모두 구독하고 있었고, 언론을 담당하는 비서관실에서 매일 주요 언론 기사를 별도로 스크랩해서 청와대 업무관리시스템에 올리고 있었기 때문에 7시면 어김없이 외신을 포함해 그날의 주요 기사를 확인할 수 있었다. 그리고 매일 수석비서관들이 참석하는 일일상황회의에서도 주요 언론 기사가 공유되었다.

내가 보기에는 두 번 세 번 중복되는 비효율적인 일이었다. 팀장인 나는 스크랩을 담당하지 않았지만 행정관들이 고생하는 모습이 안쓰러웠다. 더욱이 비서관이나 수석들도 출근 전에 이미 스마트폰으로 주요 기사를 파악하고 출근했고, 나역시 이미 주요 기사는 출근하면서 대부분 파악하기 때문에 별도의 비서관실 스크랩이 불필요하다고 생각했다.

물론 각 비서관실에서는 업무관리시스템에 올라오는 기사보다 분량을 줄여서 나름 그 비서관실에 특정된 기사를 스크랩하는 경우도 있었지만, 고급 인력들이 들이는 노력에 비해 효과가 적고 중복되는 일이었다. 부처 파견 공무원들은 자신들 소속 기관의 기사에 눈과 손이 더 많이 가는 것도 당연한 일이었다.

반부패비서관이 교체되는 시기가 새벽 언론 스크랩을 없앨 적기였다. 나는 새로 바뀐 비서관에게 이런 사정을 이야기하고 반부패비서관실은 별도의 새벽 스크랩을 하지 않는 것으로 허락을 받았다. 다행히 수석실에서도 별다른 이의를 제기하지 않았다. 행정관들은 매우 기뻐했다. 나는 직원들에게 힘든 새벽일 하나를 덜어주고 독립투사가 된 듯 큰 칭찬을 받았다.

늘 언론의 감시와 비판을 받아야 한다는 점은 청와대 근무의 큰 스트레스 중 하나였다. 그래서 청와대를 퇴직하고 한동안은 언론 기사를 보지 않았다. 지금도 가급적이면 뉴스 기사를 클릭하지 않으려 한다.

뉴스를 읽지 않을 자유가 없는 생활은 정신적으로 고달팠다. 이제 민간인이 되어 아침에 눈을 뜨자마자 뉴스를 찾아 확인하지 않아도 되니 참 편안하다. 출근길에도 뉴스보다 음악이나 책을 선택할 수 있으니 심리적인 여유가 생긴다.

특히나 요즘처럼 통치권자의 어법이 험하고 흉흉한 시기에는 눈 감고 귀 막고 뉴스를 읽지 않을 자유가 삶의 행복 지수를 높여준다. 하지만 달리 생각해보면 그것은 개인적 자유와 무관심으로의 도피일 뿐, 동시대를 함께 살아가는 국가 공동체의 행복은 멀어지고 있다는 것이니, 마음 편해할 일은 아닐 것이다.

✦

연무관의 추억

✦

✦

청와대 바로 앞에는 경호처에서 운용하는 연무관이라는 체력
단련장이 있다. 주로 경호처 직원들이 체력 훈련을 목적으로
사용하는 공간인데, 비서실 직원들도 사용할 수 있게 개방되
었다. 청와대 직원들은 새벽 출근을 하기 때문에 점심시간을
다른 공무원들보다 길게 사용할 수 있었고, 점심시간에 약속
이 없는 경우에는 주로 낮잠을 자거나 운동을 했다.

　이것도 비서관실마다 모두 분위기가 달라서 각자 개별적
으로 시간을 사용하는 곳도 있고, 단체로 운동을 하는 곳도 있
고, 부족한 잠을 보충하는 곳도 있었다. 내가 근무할 당시 사이

버안보비서관실은 청와대 인근 외부 산책을, 반부패비서관실은 연무관 운동을, 공직기강비서관실은 경내 산책을 주로 하는 분위기였다.

조각 같은 체격의 젊은 경호처 직원들이 보기에는 키 작고 배 나오고 머리털 빠진 중년의 비서실 아저씨들이 좀 거북했겠지만, 남들이 어찌 생각하건 나는 나름 내 외모에 자신 있는 편이라서 주눅 들지 않고 점심시간마다 열심히 운동했다.

연무관 지하에는 수질이 매우 훌륭한 수영장이 있었고, 반부패비서관실 직원들은 주로 수영을 즐겼다. 나는 어린 시절 시골 강둑 근처에서 자랐지만 겁이 많고 운동신경이 없어서 동네에서 유일하게 수영을 하지 못하는 아이였을 정도로 물과 친하지 않았다. 하지만 반부패비서관실 내근팀을 총괄하는 역할인데, 술도 마시지 못하는 내가 직원들과 친하게 지내려면 운동이라도 같이하는 게 좋겠다는 생각이 들어 과감하게 수영에 도전했다.

"수영복과 물안경만 가지고 오면 다 가르쳐줍니다." 이렇게 말하던 사람들은 막상 내가 보조판을 놓쳐 허우적거리며 생사를 오가는데도 아무 관심이 없었다. 나는 정말로 물을 먹고 그 자리에 쓰러져 나름 생사를 오갔는데 말이다. 수영장 끝으로 가면서 수심이 2미터 이상으로 깊어졌고, 그곳에서 물을 먹을 대로 먹고 간신히 밖으로 나왔지만 결국 쓰러졌고, 뒷골이 터진 것만 같은 급성 벼락 두통도 찾아왔다. 의무실에서 받은 두통약으로 해결되지 않아 급히 인근 지구병원에까지 가야 했다.

'아, 이 나이에 이 무슨 주책이고 망신이란 말인가?' 포기하자. 이 나이에 목숨 걸고 취미 생활할 필요는 없지 않은가 하는 생각과 함께, 무언가 늦바람 같은 오기가 생겨났다. 다들 어찌 그리 수영들을 잘하는지, 깊은 잠영을 하고 나서도 "이정도는 물만 좀 끼었다가 나온 수준이지 뭐"라고 말하는 동료들의 허세가 너무나 부러웠다. 청와대에서 근무하는 동안 열 바퀴를 가고 말겠다는 다짐으로 점심시간이나 퇴근 후에 시간이 날 때마다 어김없이 수영장을 찾았다. 혼자서 수영을 배우는 것은 쉽지 않은 일이었지만, 어느 순간 숨을 쉴 수 있었고 한 바퀴를 돌 수 있었다. '수영'이라기보다 '헤엄'이었지만 나로서는 감개무량한 성취의 순간이었다.

이후 코로나로 연무관이 장기간 문을 닫는 바람에 목표를 달성하지는 못했지만, 공직기강비서관실로 옮긴 이후에도 동료들의 도움을 받아, '수영장 물은 먹는 것'이라고만 알던 나도 서너 바퀴 정도를 왕복할 수 있게 되었다.

점심시간마다 열리던 정모 행정관의 사설 수영 교실은 청와대 생활 중 가장 즐거운 추억 가운데 하나였다. 돈 주고 배우는 정식 수영과 중년 남성의 취미 수영은 달라야 한다면서 대충 물 먹으면서 배우라고 가르치던 그에게 경의를 표한다.

어느 날인가는 증권가 정보지에서 '청와대 수영 동호회 한창'이라는 제목의 글을 보았다. 청와대 공직기강 내부 정보 가운데 '모 비서관은 일하는 데 집중하기보다는 점심시간에 한가하게 수영이나 하러 다니고 있다'는 것도 있었다. 뜨끔했지만, 내 이야기는 아니라고 스스로 굳게 믿고 여전히 수영을 열심히 다녔다. 그러면서도 청와대에서는 숨도 마음대로 못 쉬겠구나! 하는 생각이 들었다.

어쨌든 나는 청와대에서 근무하면서 개인적으로 한 가지 분명하게 얻은 것이 있다. 세상에는 평생 물을 무서워하며 사는 사람도 있고, 물을 즐기며 사는 사람도 있다. 이제 나는 후자다.

5장

공 직 기 강 비 서 관 실

참을 수밖에 없는 복무 점검의 좀스러움

✦

반부패비서관실에 근무한 지 1년여 만에 다시 공직기강비서관실로 자리를 옮겼다. 공직기강비서관실은 인사 검증팀과 감찰팀으로 운영되고 있었고, 나는 두 업무를 총괄하게 되었다. 감찰을 담당하는 직원들은 수사기관과 감찰 기관에서 파견된 직업 공무원들이었다.

전임자들이 감찰해놓은 결과물들을 보니 마음이 몹시 무거웠다. 이런 일들도 있었구나. 그런데 소란스럽지 않게 잘 처리했구나. 일들을 참 잘했다. 여기에서도 처음부터 잘해야 한다. 무엇보다 입이 무거워야 한다. 이런 생각이 들었다.

청와대는 기본적으로 비서관실별로 업무가 진행된다. 따라서 다른 비서관실에서 무슨 일이 일어나는지 거의 알지 못하고, 옆자리 행정관이 어떤 일을 하는지 모르는 경우도 허다하다. 특히 코로나 이후로는 사적인 교류도 거의 없어 비서관실별 칸막이가 더 높아졌다.

그러다보니 청와대 전체가 돌아가는 상황을 알 수 있는 사람은 얼마 되지 않았고, 공직기강비서관실은 업무상 청와대 전체의 분위기와 비서관실별 사정들을 보다 세세하게 파악하고 있어야 했다.

나는 청와대에 근무하는 사람들은 자유롭게 외부 활동을 하며 세상의 정보를 얻고 민간인들과 소통하는 줄 알고 있었다. 그런데 실상은 공무원이기 때문에 출퇴근 및 점심 시간이 엄격했고, 간혹 퇴근 시 가방 검사와 퇴근 후 보안 점검, 책상 검사도 있었다.

청와대에서 가방 검사라니! 다소 어이가 없었다. 국가안보실에 근무할 때 나는 청와대의 가방 검사가 좀 심하다는 생각을 하고 있었는데, 공직기강비서관실로 옮기면서 가방 검사를 실행하는 주체가 되어야 했다.

잠시 고민하기도 했다. 복무 점검에서 가방 검사는 뺄까

하는 생각을 하기도 했다. 하지만 문서 유출 및 분실로 사회적 문제가 된 사례가 있었기 때문에 주의를 환기시키는 의미로라도 계속 유지하기로 했다.

물론 일상적으로 검사가 있는 것은 아니었다. 대통령의 해외 순방 기간이나 명절 전후 등 업무 긴장도가 느슨해지는 시점에 미리 복무 점검 기간을 공지하고 퇴근 시간에 출입문에서 눈으로 가방 안을 확인하는 정도였다. 그나마도 코로나 이후에는 거의 진행하지 못했다.

하지만 다소 형식적인 일이라도 하는 것과 하지 않는 것은 차이가 컸다. 복무 점검 기간을 사전에 공지하는데도 불구하고 사소한 적발 사례가 적지 않았다. 특히 퇴근 후 야간 보안 점검에 적발되어, 다음 날 출근했는데 적발 딱지가 붙어 있는 걸 보면 매우 기분이 좋지 않고 가슴이 조마조마하다는 이야기를 적발에 걸린 당사자에게 듣기도 했다. 청와대 공직 생활은 이런 부분에서도 매우 깐깐했다.

개중에는 적발이 되든 말든 신경쓰지 않는 것인지 자주 지적받는 사람들이 있었다. 주로 실세 어공들이었는데, 아마도 가정에서 환영받지 못하거나 혹은 혼자만의 시간이 필요한 사람들이었으리라 생각한다. 주요 사안이 아닌 한, 복무 점검에서 적발되면 부여되는 페널티가 주로 주말, 명절 밤샘 당직 근무였기 때문이다. 성과급 등 복무 평가에도 반영된다고는 하는데, 대부분 사소한 사안들이기 때문에 엄포의 성격이 짙었을 것이다.

청와대 보안 문제는 문건 유출 사건들이 있었던 박근혜 정부에서도 골칫거리였던 것 같다. 윤석열 정부 대통령실에서도 문서 유출 건으로 조사한다고 보도된 적이 있다. 어느 날 공직기강비서관실 옆 쪽방의 낡은 캐비닛 위에서 두꺼운 A4 용지 몇 박스를 발견했는데, 다른 복사지보다 색깔이 다소 진하고 두꺼웠다. 불빛에 비추어보니 아주 얇고 가느다란 쇠막대가 내장되어 있었다.

이전 정부에서 사용하던 특수 인쇄용지였던 것 같았다. 소위 박모 경정 사건이 발생하고 난 후, 출입문에 감응 장치를 만들고 특수한 인쇄용지만 사용하게 해서 그 비서관실에서는 애초에 출력물이 외부로 나가는 것을 막았던 것이라고 누군가 그럴듯한 설명을 해주었다.

청와대 입직 시에는 휴대전화에 보안 프로그램 앱을 깔기 때문에 청와대 경내에서는 휴대전화의 카메라와 녹음 기능이 작동하지 않았다. 출근할 때 출입증을 체크하면 보안 프로그램이 작동해서 카메라 촬영과 통화 녹음이 차단되고 퇴근할 때 출입증을 체크하면 해제되는 시스템이었다. 그런데 이 보안 앱이 완벽한 것은 아니어서 휴대전화 운용 프로그램이 업데이트되거나 하면 카메라가 작동하는 경우도 있었다.

간혹 카메라가 작동되는 경우 뒷동산에서 사진을 찍거나 사무실에서 셀카를 찍는 사람도 있었다. 당사자들은 몰래 찍는다고 생각했겠지만, 보안 앱이 작동하지 않는 상황이 발생할 경우 보안 앱 담당 부서에서 체크했던 것으로 알고 있다.

참 좀스럽다, 간단한 셀카 정도가 무슨 문제가 되느냐 싶겠지만, 큰 위기는 사소한 실수에서 발생하는 경우가 많다. 이라크전 당시 한 미군이 현지 부대를 방문한 민간인과 함께 멀리 위치한 헬기를 배경으로 사진을 찍었는데, 그 민간인이 소셜미디어에 사진을 올리는 바람에 헬기가 포격당한 일이 있었다. 소셜미디어에 올린 사진을 기술적으로 분석한 이라크군이 사진에 찍힌 헬리콥터의 좌표를 확인해 공격했던 것이다.

중동의 미군 기지에서 한 병사가 길에서 주운 USB를 노트북 컴퓨터에 꽂았다가 미국 국방부 네트워크 방어벽이 뚫리고 막대한 정보가 그대로 적국으로 유출된 일도 있었다.

때로 대통령에 대한 경호가 너무 과도한 것 아닌가, 우리 나라에서 무슨 중대한 사건이 있겠는가 싶을 때도 있지만, 보안이라는 측면에서는 그런 생각 자체를 하면 안 된다. 아무리 사소한 일이라도.

✦

말할 수 없는 감찰 사건들

✦

✦

나는 청와대에서 근무할 때 새벽 시간에 짧게 성경을 한두 장 읽고 그날 해야 할 일들을 생각하곤 했는데, 신앙이 두터워서라기보다는 나라의 중대사를 실수하지 말고 잘 처리해야 한다는 부담감을 조금이라도 절대자에게 의탁해보려는 마음에서였던 것 같다. 그렇게 구약성서 맨 처음 장인 창세기에서 시작한 묵상이 퇴직할 때는 신약성서의 거의 마지막 부분에 이르러 있었다. 공직기강비서관실로 옮길 당시 잠언서를 읽고 있었는데, 솔로몬의 잠언이 마음에 다가와 그 문구를 모니터 앞에 써 붙이고 지켜야 할 금언으로 삼았다.

"죄를 눈감아주는 자는 근심거리를 만들고, 어리석게 지껄여 대는 자는 패망할 것이다."

아, 그 옛날에도 감찰 사건들이 있었구나. 감찰 업무를 담당해 본 사람이 아니면 남길 수 없는 정말 정확한 지혜의 말이었다.

청와대에서 진행된 모든 감찰 내용은 보안 사항이다. 검증된 사람들이 근무하지만, 수백 명의 사람이 몰려 있는 권력기관이다보니 크고 작은 사고가 일상적으로 발생한다. 주로 공직 생활에 익숙하지 않은 어공들이 사고를 일으키는데, 늘공 중에서도 경악스러운 대형 사고를 일으키기도 했다.

귀신같은 기자들은 누구를 감찰했는지 묻기도 하지만, 감찰 결과는 물론 감찰을 했는지 여부, 감찰 건수조차 밝힐 수 없다. 꼭 비리 당사자가 아니어도 한 비서관실에 한 명 이상 정도는 참고인으로라도 조사했던 것 같다. 사람들이 공직기강비서관실을 싫어하는 것도 어찌 보면 당연한 일이었다.

공무상 비밀 누설이 아닌 정도의 선에서, 모 민정수석의 상상을 초월하는 내부 단속에 관한 몇 가지 사소한 에피소드를 언급해보려고 한다.

　나는 공직기강비서관실로 옮긴 후 첫 감찰 사건부터 그분의 호된 질책을 받았다. 전 인생을 통틀어서 누군가에게 그렇게 혼났던 적은 없는 것 같다. 나름으로는 누구를 봐주거나 미워하는 일 없이, 주어진 권한을 통해 확인할 수 있는 사실에만 기초해 조사했는데, '물러 터져서 감찰을 엄하게 제대로 하지 못한다'는 취지였다.

　어느 날 그분이 나를 불러 내부 감찰 정보를 제공했다. 감찰해야 하는 내용인즉, 그분이 며칠 전 어느 고위 인사와 식사를 하고 반주를 한잔했는데, 식사 후 차에 올랐더니 운전기사가 작은 음료 박스를 하나 건네준 것이다. 어디서 난 건지 물어보니 함께 식사했던 그 고위 인사 쪽에서 전해준 것이라고 했단다.

　순간 나는, '작은 음료박스 속에 5만 원짜리가 들어간다면 못해도 1억 원 정도는 되겠구나! 전무후무한 중대 사건이다' 하고 긴장하며 정보 사항에 귀를 기울였다.

　그런데 민정수석의 설명은 그게 다였다. 지시 사항은 단순했다. 민정수석은 식사 후 음료 한 박스라도 받으면 안 된다. 그 고위 인사가 다른 직원들과도 식사를 같이한 후 음료 박스를 준 적이 있는지 철저히 조사하라!

가격을 검색해보니 한 박스에 이삼만 원 정도 하는 음료였다. 부정청탁 및 부패방지에 관한 법률(속칭 김영란법)을 적용하려 해도, 동료 또는 하위 직급 직원에게 업무와 무관하게 이 정도 음료를 주고받는 것은 적용 대상이 아니었다. 공직자윤리법으로도 의율할 방법이 없었다.

나는 잠시 민정수석이 이분을 군기 잡으려 하는 것인가? 하는 생각을 하기도 했지만, 같이 지내면서 경험한 바로는 단순히 그런 이유로 특정인의 감찰을 지시하는 분이 아니었다. 그냥 성품 자체가 워낙 대쪽 같고 공과 사의 구분이 엄격한 분이었다. 사석에서 만나면 매우 편안하고 인자한 분이었지만, 민정수석으로 재직할 동안에는 실세든 허세든 지위 고하를 막론하고 티끌만 한 흠도 용납하지 않았다.

어쨌든, 함께 식사한 후에 호의로 동료나 부하 직원에게 음료 한 박스를 선물로 줬다는 이유로 고위 인사를 조사하려니 민망한 마음이 들지 않을 수 없었다. 해당 인사를 찾아가 구매 경위와 선물 경위 등을 캐묻고 경고 말씀을 드렸다. 그분은 매우 황당해하고 어이없어했지만, 공직기강비서관실 직원이 경고를 하니 사과하고 조심하겠다며 받아들이는 수밖에 없었다. 그분의 불쾌해하던 표정이 아직도 눈에 선하다.

그 일이 있은 후 얼마 지나지 않아 명절을 앞두고 있을 때였다. 청와대에서 근무하다 퇴직한 후 어느 지자체로 소속을 옮긴 어공 한 명이 청와대로 찾아와 몇몇 비서관실에 지자체 특산물인 작은 간식거리를 돌리고 있었다. 기껏해야 일이만 원 정도의 농산물이었지만 나는 그분을 급히 불러 민정수석의 불호령이 떨어지기 전에 중단하라며, '음료 박스 사건'을 알려 주었다. 그분은 혼비백산해 기념품을 수거하여 돌아가면서 연신 죄송하다는 말을 했다. 사실 그분이 미안해할 일도 아니었다. 오히려 그런 것을 뭐라고 해야 하는 내가 미안한 마음이었지만, 윗분들이 추상같으니 어쩔 수 없는 일이었다.

비서관들의 갑질 사건도 심심치 않게 등장하는 감찰 사안이었다. 주요 정책이나 안보 업무를 수행하는 비서관실은 업무 하중이 높았기 때문에 부처에서 파견되어온 일반직 행정관들이 고생하는 경우가 많았다.

심지어 어떤 비서관한테는 '일중독자, 미친 Dog'라는 별명도 붙어 있었다. 다음 날 해도 될 일을 일요일 새벽 서너 시에 행정관을 불러내어 일을 시키는 경우도 있었다. 국가 최고의 컨트롤타워이기 때문에 경우에 따라 긴급한 일은 어쩔 수 없는 경우도 있지만, 소위 갑질이 일상화된 경우도 더러 있었다. 직급 간의 위계질서가 엄격한 부처의 일반직 공무원일수록 그런 경향이 있었지만, 어공이 비서관인 경우도 만만치 않았다. 수석급 중에도 유명한 사람이 한두 명 있었다.

그분들 세대에는 당연한 일이었을지 모르나, 청와대에도 MZ세대가 있었고, 더구나 우리 정부는 평생 일만 하다 죽을 것 같던 사회에 워라벨 문화를 이끌어낸 정부였다. 행정관들의 원성이 심한 경우에는 경고하고, 어떤 경우에는 조사 후 비서관을 퇴직시키기도 했다.

문재인 정부 청와대 내부는 그렇게 운영되었다. 많은 사람이 근무하는 곳이라 의외의 커다란 사고와 부끄러운 일도 종종 일어났지만, 기본적으로 근무 분위기가 삭막할 정도로 기강이 엄격했다.

"남을 대할 때는 봄바람같이 대하고 자신을 지키는 일에는 가을 서리 같아라"라는 춘풍추상春風秋霜의 정신을 요구하는 곳이 민정수석실이었다. 그러다보니 심지어 바깥에는 힘을 못

쓰면서 내부 단속만 한다는 비아냥도 있었다. 권력을 마음대로 휘두르고 무슨 음침한 공작을 하고 그런 곳과는 거리가 멀어도 한참 멀었다.

언론 기사가 나오거나 투서, 첩보 등이 접수되면 지위 고하를 막론하고 감찰이 진행되었다. 소위 '실세'들과 관련된 일은 근거가 약한 풍문 수준의 첩보라고 해도 반드시 실체를 확인해야 했다. 그런 경우 심약한 나는 매우 긴장했으나, 큰 사고나 충돌 없이 직무를 마칠 수 있었음을 천행으로 감사하고 있다. 때론 작은 일로 동지, 동료를 가혹하게 징계해야 하는 괴로운 일도 있었지만, 그것이 내 업무라 감내해야 했다.

감사 관련 업무를 오래 해왔던 어떤 동료가, "감사라는 것은 강하게 하면 뒷말은 있을지언정 문제는 안 생기지만, 약하게 하면 문제가 생길 수 있다"라고 조언해준 적이 있다. 백 퍼센트 동의할 수는 없지만, 새겨들을 만한 내용이라고 생각한다. 혹여나 나의 융통성 없는 업무 처리로 인해 상처받은 분들이 있다면 이 글을 통해서나마 사과 말씀을 드린다.

나는 평소 고위직들이 퇴직할 때 관행적으로 언급하는 "대과大過 없이 업무를 마쳐 감사하다"라는 겸양의 표현들을 좋아하지 않았다. 적어도 퇴임사를 할 정도의 고위직이라면, 큰 과오가 없었던 것을 자랑으로 삼을 것이 아니라 적극적인 성과를 자랑해야 한다고 생각했다. 하지만 청와대에서 감찰 업무를 해보니 그야말로 대과가 없는 것을 정말 감사하게 생각해야 했다.

마지막으로, 간혹 청와대 행정관이 장·차관급을 만나 조사를 하는 것이 잘못되었다는 식의 비판을 하는 언론 기사가 있어 그 이야기를 해보려고 한다. 심지어 윤석열 대통령도 공개석상에서 문재인 정부에 대해 그런 비난을 하기도 했는데, 이것은 현실을 잘 모르거나 모르는 척하는 악의적 비난에 불과하다.

실무는 언제나 실무 직원이 수행한다. 비서관 이상의 직급은 관리자이고 공식 직급 명칭도 '관리관'이지 실무자가 아니다. 장관에게 조사할 사안이 있으면 비서관이 조사를 하는 것이 아니라 행정관이 조사를 하고 그 내용을 비서관에게 보고한다. 감사원 역시 기관장이든 정무직이든 감사관이 감사를 하고 계선에 따라 보고하지, 감사원장이 감사 실무를 하지는 않는다. 검찰이 장·차관을 수사할 때에도 검사가 대상자를 만나 조서를 작성하지 검사장이나 검찰총장이 장관을 만나서 조사하지 않는다.

청와대 내에서도 비서관이나 수석 비서관을 조사할 사항이 있으면 행정관들이 조사하고 공직기강비서관과 민정수석에게 보고했다. 담당 업무이기 때문이다.

윤석열 정부에서는 장관이나 군 장성을 조사해야 할 때 실무자가 아닌 누가 조사하고 있는가? 비서관이 직접 하고 있는가? 법무부 장관이 하고 있는가? 왜 이렇게 공적인 영역에서도 상식에 맞지 않는 악의적인 주장이 난무하는 세상이 되었는지 모르겠다.

국정 책임자는 유튜버가 아니다. 전 정부를 비판하더라도 상식선에서 비판해야 한다. 그리고 정부에 대한 비판은 과거가 아닌 현재 정권을 담당하고 있는 사람에게 더욱 날카롭게 적용되어야 한다.

✦

코로나 1호를 피해라

✦

✦

코로나19 바이러스가 창궐한 후, 청와대는 거의 모든 역량을 코로나 대응에 우선적으로 집중했다. 국민의 생명과 안전을 최우선으로 삼은 정부였기 때문에 코로나 대응은 다른 무엇보다 우선순위에 있었다.

코로나 대응은 기본적으로 민정수석실과는 관련 없는 이슈였지만, 모든 비서관실이 나서서 무어라도 해야 하는 상황이었다. 초기에 마스크 대란이 발생하자 마스크 공급량 확대를 위해 민정비서관실이 동분서주하며 정부 관련 부처를 독려하여 성과를 냈고, 마스크 비서관실이라고 불릴 정도로 역량을 모두 쏟아부었다. 문재인 대통령이 코로나 대응에 얼마나 전력을 기울였는지는 강민석 대변인이 쓴 책『승부사 문재인』에 잘 나와 있다.

다른 국가 공공 기관이나 사기업도 마찬가지였지만, 청와대는 직원들에게 사적인 모임도 중단할 것을 권고했고, 정부 방역 기준보다 엄격한 내부 기준을 적용했다. 공직기강비서관실 감찰 담당 직원들은 청와대 인근 식당 등에서 방역 기준을 위반하는 사람들이 있는지 감시하고 다니기도 했다.

모 비서관실 직원들이 사적 모임 제한 인원 기준을 어기고 저녁 회식을 했다는 제보가 들어온 적이 있었다. 확인해보니 방역 기준 내의 인원으로 모인 각각의 두세 팀이 우연히 같은 식당에서 만났는데 그중 서로 아는 사람이 있어 인사를 나누다보니 누군가 하나의 모임으로 오해한 것이라는 소명이 나왔다.

청와대 인근의 직원 단골 식당은 그 수가 비교적 한정되어 있어, 직원들 모임이 겹치는 경우가 드문 일은 아니다보니 그 변명을 거짓이라고 단정하기 어려웠다. 다방면으로 탐문하고 확인해보아도 혐의를 확정할 증거가 없었고 식비도 각각 다른 시간에 다른 사람의 카드로 결제되어 있어서 지침 위반 여부는 확정하지 못하고 주의를 환기시키는 정도로 마무리했다.

청와대 직원들의 근무 공간인 여민관은 건물이 협소하고 사무실이 밀집되어 있어 한 명이 감염되면 전파, 확산은 걷잡을 수 없어진다. 어느 기관이나 마찬가지였겠지만 코로나 초기에 1호 감염자가 되면 안 된다는 염려가 가득했고, 특히 직원들의 직무 감찰을 담당하는 공직기강비서관실은 더욱 긴장했다.

어느 날 드디어 청와대에도 1호 확진자가 발생했다는 소문이 돌았다. 대상자는 배우자가 의심 증세를 보이자 출근하지 않고 집에서 검사해보니 확진으로 판명되었다고 한다. 확진자가 구내식당을 다녀갔는지, 같은 시간대에 식사를 한 사람들은 모두 검사를 받으라는 개별 연락을 받았다. 종로보건소에 가보니 많은 직원들이 줄을 서 있었다.

이후로도 간혹 확진자 소식이 들려오더니, 오미크론이 걷잡을 수 없이 확산되면서 청와대 내에도 감염자들이 여럿 발생했다. 대개는 학교 겨울방학이 끝나고 개학 이후 자녀들을 통해 감염되는 사람들이었다. 누가 확진되었는지는 개인의 민감 정보이기 때문에 알 수 없었지만, 회의 참석 대상이 결석인 경우도 있었고, 업무 때문에 어느 비서관실에 전화해보면 절반 이상의 인원이 공석인 경우도 있었다. 이런 경우는 확진자가 발생했구나라고 추측할 수 있었다.

청와대는 가족 중에 밀접 접촉자가 아닌 단순 접촉자나 의증자가 있어도 재택근무를 하는 등 일반 기준보다 강화된 기준을 적용했는데, 겨울방학이 끝나고 개학한 이후 오히려 집에서 자녀들을 통해 전염되는 경우가 더 많아지다보니 나중에는 정부 일반 기준과 동일한 기준을 적용했다.

나는 다행히도 청와대 근무를 마치고도 한참 지난 후에야 오미크론에 감염되었다. 확진자와 몇 차례 식사를 같이했는데도 괜찮았고 심지어 가족 중에 확진자가 나왔는데도 무사하기에 나도 슈퍼 면역자인 줄 알았으나, 실상은 슈퍼 부작용 환자였다. 남들보다 호되게, 거의 한 달을 앓았다.

문재인 정부 시기에 부동산 가격 폭등 등으로 국민들이 실망한 면도 있지만, 코로나 대응 실적을 폄훼하는 일은 우리 국민의 성과를 폄훼하는 일이다. 우리는 세계 어느 나라보다도 우수한 선진 의료 시스템과 인력과 자발적인 희생, 질서 의식, 안전 의식을 갖춘 나라다. 부인할 수 없는 사실이다. 국민의 생명과 안전을 지키기 위해 모든 역량을 집중한 정부의 노력을 애써 무시할 필요는 없다.

코로나 초기에 과도할 정도로 대응해 국민의 생명을 지킨 것은 최고 리더십의 통찰력 있는 결단과 국민의 적극적인 호응이 아니었으면 쉽지 않았을 일이다. 문재인 대통령은 코로나 초기에는 과도할 정도로 강한 선제 대응을, 오미크론으로 약화된 시기에는 방역에 있어서 근본주의적이고 극단적인 원칙론에만 매몰되지 말고 산업과 경제에 미칠 영향력을 고려하도록 지시했다.

현명한 리더의 과감한 결단은 이런 것이다.

해외 순방, 1호기는 신발 벗고 탄다

2021년 상반기, 코로나로 중단되었던 해외 순방이 다시 시작되었다. 세계 각국에서 대한민국의 코로나 대응을 극찬하던 시기였다. 기회가 된다면 대통령의 해외 순방을 따라가는 것이 청와대 직원들 대부분의 희망 사항이다. 하지만 의전, 홍보, 외교 관련 업무를 담당하는 부서의 직원이 수행단에 포함되었기 때문에 민정수석실을 비롯하여 다른 대부분의 수석실은 해외 순방에 참여할 기회가 없었다.

코로나가 발생하기 이전에는 간혹 순방 업무와 밀접한 관련이 없더라도 평소 고생을 많이 하는 비서관실의 직원 한두 명을 뽑아서 포상처럼 수행단 예비 인력에 끼워주는 일도 있었다는 이야기가 있었으나, 코로나 이후로는 최소한의 필요 인원만이 포함되었다.

해외 순방은 청와대 출입 기자단에서도 꼭 가고 싶어하는 자리라고 알려져 있다. 코로나 때문에 해외 순방 기회가 줄어들자 기자단도 많이 아쉬워했다고 한다. 모처럼의 기회에 기자단에서도 경쟁이 치열했고, 순번을 정하고 추첨을 하는 등의 방식으로 일부만 정했다고 한다. 그런데 공직기강비서관실에는 부동의 순방 티오가 한 자리 있었으니, 순방 현지에서 공직 기강을 점검할 인원이 필수 인원으로 포함되어 있었다. 순방 중에 간혹 마음이 해이해져 크고 작은 사고가 발생하기도 해 공직기강비서관실 직원이 반드시 필요하다는 것이었다. 오옷, 이런 횡재가!

공직기강비서관실 감찰팀 선임행정관 자격으로 내가 따라간 순방길은 G7 정상회담 행사였다. 영국 콘월, 오스트리아 비엔나, 스페인 마드리드와 바로셀로나를 일주일 동안 다녀오는 일정이었다. 당시 업무가 많았던 때라서 공직기강비서관실의 다른 직원들에게 미안하기도 했지만, 대통령 1호기를 타는 영광을 얻게 되니 마음이 설렜다.

당시 백신 접종이 막 도입되던 시기였는데, 순방 인력은 연령 순번과 상관없이 우선해서 백신을 맞았다. 나는 고열과 오한, 두드러기 등의 백신 적응반응이 커서 호되게 백신앓이를 했다. 2차 접종 후 두드러기가 심해 혹시 순방에 동참하지 못할까 염려했는데, 다행히 출국 전날 거의 완치되었다. 모든 수행 인원이 기간 내내 매일같이 신속항원검사를 해야 했고, 출국 전후로도 몇 번씩 유전자증폭(PCR) 검사를 했다.

　순방 경험이 있는 직원들에게 현지에 가서 해야 할 일의 매뉴얼을 전달받고, 노하우도 전달받았다. 순방 경험이 있던 모 행정관은, 대통령 1호기는 바닥이 깔끔한 카펫으로 되어 있어서 탑승 전에 신발을 벗고 타고, 신발장에 탑승자 이름의 신발이 있는지 여부로 1차적인 인원수 체크를 한다는 사실을 알려주었다. 나도 순간 속아 넘어갈 뻔했으나, 진지한 조언을 하면서 속으로는 웃고 있을 그 행정관의 검은 속마음을 어렵지 않게 간파했다. 얼마나 무심하고 진지하게 이야기하는지, 간혹 속아 넘어가는 순박한 직원도 있다고 들었다.

　지금은 공군 1호기가 새로운 비행기로 바뀌었지만, 당시는 그 직전이라서 조금 낡은 느낌이었다. 하지만 코로나로 인해 순방 인원이 줄고 좌석도 한두 칸씩 비우고 앉으면서 장시간 비행이지만 꽤 편안했다. 순방의 상세 일정이 담긴 순방 수첩은 보안상 출발 당일 새벽에 배부되었다.

나는 비행하는 동안 순방 수첩에 기재된 수행원들의 명단과 보안 메신저에 있는 직원 사진을 일일이 대조해가며 얼굴을 익혔다. 코로나 이후로 청와대 직원들 사이에 사적인 교류가 거의 없었기 때문에 같이 동승한 다른 비서관실 사람들의 얼굴이 대부분 낯설었다.

평소에 나는 눈썰미가 없어 여러 번 반복해서 보아도 평소 알던 얼굴이 아니면 얼른 알아보지 못하는 편이다. 더구나 마스크를 쓰고 있으니 사진과 실물의 비교도 어려웠다. 다른 사람은 나를 아는데 나는 그 사람을 모르니 해외에서 암행 감찰 같은 것은 애당초 가능한 일이 아닌 듯싶었다. 현지 공관 보안 담당 직원들이 보안 점검을 잘해주리라 생각하고 나중에는 반쯤 포기 상태로 특별한 사고가 없기만 바라는 심정이 되었다.

나는 일체의 공식 행사에서 제외된 인원이었기 때문에 행동이 자유로웠다. 게다가 코로나로 인해 공식 행사 이외에는 호텔 밖으로의 외출을 자제하라는 지시가 떨어졌고, 야간에 술을 마시러 나가는 사람도 없어서 밤늦게까지 호텔 로비에서 출입 인원을 체크할 필요도 없었다.

호텔 방에 틀어박혀 도시락을 먹으며, 청와대 직원이 현지 공관 직원들에게 갑질을 하지는 않는지, 현지 인턴 직원들을 함부로 대하지는 않는지 탐문하고, 이동 시 각 호실 보안 점검 결과를 보고받는 정도의 일만 하면 되는 수준이었다. 적발 건수도 거의 없었고, 단순 주의 경고로 끝낼 경미한 일만 한두 건 정도 발생했다. 평소 일복이 많던 내가 이런 여유와 호사를 누리다니…….

낮에 사람들이 모이는 장소에 갈 수 없으니 새벽에 일어나 조깅을 했고, 비엔나와 마드리드에서는 서울의 '따릉이' 같은 시스템의 자전거를 빌려 혼자 도시를 일주했다. 나 외에도 새벽에 도시를 뛰는 직원들이 몇몇 있었다. 자주 순방을 따라다니는 사람들로, 나름의 노하우가 있어 보였다. 대통령님은 쉴 틈 없이 빼곡한 일정을 소화했고, 행사 수행 인원들도 바쁘게 움직이는데 나만 혼자 여유가 있는 듯해 살짝 죄송한 마음도 들었다.

나중에 다른 해외 순방에 참여했던 공직기강비서관실 직원 한 명은 나처럼 반쯤 쉬는 줄 알고 갔다가, 보안 관련 사고가 발생하는 바람에 혼자서 사고 조사를 하며 순방 기간 내내

고된 수고를 하다가 온 적이 있었다. 시차가 많이 나는 한국과 연락하느라 잠도 제대로 못 잤다고 한다. 감찰반의 순방 업무 강도는 복불복이다.

청와대 직원들도 특별히 한정된 사람들만 갈 수 있었던 해외 순방을 윤석열 정부에서는 인사비서관의 배우자가, 그것도 사전답사부터 참여했다고 한다. 언론의 비판이 있다 금세 사그라들었는데, 놀라운 일이 아닐 수 없다.

문재인 정부에서 그런 일이 있었다면 어땠을까? 비서관이 자리를 지킬 수 있었을까? 수사기관은 가만히 있었을까? 언론은 그 정도 수준의 비판에서 끝났을까? 모를 일이다. 왜 이렇게 기준이 다른 것인지 도무지 모를 일이다.

암행감찰

청와대 인근, 광화문 정부 청사 인근은 늘 공무원들이 모이고 외국 대사관, 기업체, 언론사, 로펌 등이 즐비한 곳이라서 여러 기관 정보원들의 주요 활동 공간이기도 하다.

그래서 공직기강비서관실의 암행감찰팀은 청와대 인근의 식당가를 자주 순회하며 정보를 입수하기도 하고 현장을 감시하기도 했다. 주로 청와대 직원을 감시 대상으로 하기 때문에 앞에서 언급한 반부패비서관실의 특별감찰반과는 다른 역할을 했다.

마음이 해이해지기 쉬운 명절이나 순방 기간에는 필수적

으로 암행감찰을 한다. 때로는 우연히 월척이 걸리기도 하지만, 적발보다는 예방과 경고의 성격이 짙다. 감찰팀 직원들은 퇴근 버스가 하차하는 지점 인근에 잠복했다가 직원 여러 명이 한곳으로 몰려가는 것을 발견하면 살짝 뒤따라가서 술 마시고 사고를 치지 않는지 감시하기도 하고, 유흥주점 등 인근에 잠복했다가 직원들이 출입하는지 감시하기도 했다.

일반적인 사고 예방을 목적으로 하는 이런 감찰은 감찰팀의 얼굴이 노출되어도 부담이 없는 비교적 쉬운 일이었다. 감찰팀을 알아보고 목적지를 빙 둘러서 가거나 모임을 포기하는 경우도 있었다. 때로는 바로 옆자리에 감찰팀 직원이 식사하고 있는 줄도 모르고 큰소리로 상사 험담을 하는 경우도 있었다. 사석에서 술안주로 상사의 뒷담화를 하는 것은 정신 건강에는 어느 정도 도움이 될 수도 있겠으나, 다른 사람들 자리에 들릴 정도로 크게 말하는 것은 단속 대상이다.

반면에 구체적인 비위 혐의가 제보되어 특정인을 감찰하는 일은 매우 어려운 일이었다. 이런 일을 하는 직원들은 다른 내부 직원들에게 얼굴이 알려지면 안 되기 때문에 청와대 여민관 이외의 다른 장소에서 근무했고, 내부 시스템에도 얼굴 사진이 등재되지 않았다.

공식적으로 주어진 권한에 따라 암행감찰을 하는 공직기강비서관실이지만 사람을 뒤밟는 추적 감찰은 웬만하면 하지 않았다. 아무리 청와대 공무원이라지만 특정인의 뒤를 추적하는 것은 대상자의 인권 침해 소지가 있고 위험부담이 큰 일이기 때문에, 감찰반에서 임의로 하지 않고 구체적인 중대 혐의가 있을 경우에만 공직기강비서관의 승인하에 진행했다.

현장 실무자들의 이야기를 들어보면, 청와대 차량은 친환경 차량이 많아서 번호판을 보면 대충 짐작할 수 있기 때문에 일반 차량 두세 대로 번갈아가면서 추적하기도 한다고 했다. 어떤 감찰 대상자는 레이싱하듯 여러 번 신호 위반을 하며 급하게 이동하는 바람에 감찰팀이 추적을 포기해야 하는, 영화에서나 보던 그런 일도 있었다고 한다. 청와대 차량이라고 해서 신호 위반 과태료를 봐주거나 대신 납부해주지는 않는다. 절대 오버하지 말라고, 욕심내지 말고 보이는 것만 추적하라고 늘상 당부하고 당부해도 실무자가 다소 욕심을 부리다가 일을 그르치는 경우도 있었다.

지인이 추적 감찰 대상일 때에는 매우 난감했지만, 고통스러워도 공과 사를 구분해야 했고, 그래서 여러 사람과 척을 지기도 했다. 미움받을 수밖에 없는 게 감찰반의 숙명이다. 때로는 혐의를 입증할 자료를 찾지 못해 그냥 조용히 복귀시키고 싶은 경우에도 원칙대로 엄격하게 처리하고 수사기관에 보내라는 것이 윗분들의 일관되고 추상같은 지시였다.

이렇듯 공직기강비서관실의 감찰 업무는 참으로 곤혹스럽기 짝이 없었다.

감사원에서 오셨지요?

✦

2022년 초 나는 공직기강비서관으로 승진했다. 정권 마지막 해인지라 더 이상 외부에서 모셔올 인력이 없어, 역량이 한참 부족한 내가 비서관으로 승진한 것이다. 내부 승진 이야기는 2021년 하반기부터 논의되고 대통령님의 재가도 있었으나, 나와 관련 없는 몇 가지 말 못할 상황이 있어 인사 발령이 조금 늦어졌다.

나는 개인적인 사정이 있어서 정권이 끝나기 전에 좀 더 일찍 청와대를 나와 시간을 자유롭게 사용하면서 가정도 충실히 돌보고 다시 변호사로 자리 잡고 싶은 생각도 있었으나, 민정수석이 여러 번 바뀌고 내부가 어수선해지면서 결국 퇴직의 적절한 타이밍을 놓쳤고, 승진한 후 '순장조'로 남게 되었다. 정권 말까지 남아 있다 대통령과 함께 퇴직하는 별정직 공무원을 '순장조'라고 부른다.

마지막 해에 비서관으로 승진했지만, 공직기강비서관실은 정권 말까지도 바빴다. 보통 정권 말 6개월 정도는 레임덕 기간으로 정부 기관에 영*도 잘 서지 않기 때문에 좀 한가한 기간이라고 하는데, 문재인 정부는 마지막까지 코로나와 싸워야 했고, 공직기강비서관실도 마지막까지 단발성 사건들과 몇 가지 인사 검증 이슈 때문에 해야 할 일들이 많았다.

공직기강비서관으로 임명된 후 신임 민정수석과 함께 대통령을 처음 대면해 식사하는 자리에서, 대통령이 나에게 첫 인사 질문을 했다.

"신임 공직기강비서관은 아마…… 감사원에서 오셨지요?"

'앗 뜨아…….'

전년도 하반기에 임명을 재가한 후 몇 개월이 지난 뒤였고, 전임 공직기강비서관들 중 감사원 출신이 많았기에 그렇게 생각하셨나보다 싶었지만 약간 민망했다. 그래도 청와대 내의 유일한 대학 같은 과 직속 후배인데, 역시나 몰라보시는구나 싶었다. 차마 대학 후배 변호사라는 이야기를 못했다. 과거에도 몇 번 뵐 기회가 있었지만 한 번도 직속 후배라는 내색을 하지 않다 퇴임 이후 사저에서 뵐 때 말씀드렸다. 아마 그래도 그런 사적인 인연은 기억하지 않으실 것이다.

문재인 대통령을 만난 사람들이 대개 공통적으로 이야기하는 부분이 있다. 정말 오래 인연을 맺고 친한 사람들과도 좀 낯설 만큼 사무적인 느낌으로 이야기하고, 공석에서든 사석에서든 참모들에게 도통 친밀한 표현을 하지 않는다는 것이다. 그래서 정말 문재인 대통령의 측근이라고 평가받는 이들도 대통령을 뵙고 나면, 내가 정말 이분과 친한가? 하는 생각을 할 정도라고 한다.

탁현민 의전비서관은 『미스터 프레지던트』 출판 기념 인터뷰에서 "문재인 대통령이 자신을 한 번도 편하게 대하지 않았다"고 말했다고 하는데, 아마도 가감 없는 사실일 것이다.

심지어 대선 후보 시절 선거 유세를 할 때 후보의 차량에 같이 탑승해 수행하던 한 젊은 직원은, 유세가 끝나고 자동차 문을 열어드리려고 하는데 후보가 "잘 부탁합니다" 하며 유권자들과 악수하듯이 손을 잡아 깊은 자괴감에 빠졌다는 쓰디쓴 좌절의 경험담을 이야기하기도 했다.

회의 석상에서는 모든 사안의 논점을 해당 분야의 전문가 수준까지 매우 깊이 있게 파악하고 달변으로 논의를 주도하지만, 대통령 재임 기간 중에는 사람들과의 개인적인 친분을 거의 드러내지 않는 분이었다. 막중한 대통령의 임무를 모두 마치고 양산으로 내려갔을 때에야 비로소 밭일에 매진하던 시골 노인의 거뭇한 건강함으로 사람들을 따뜻하게 맞아주셨다.

인사 검증팀의 고양이들

✦

공직기강비서관실에서는 대통령이 임명하는 정부 기관과 공
공 기관의 주요 직위에 대해 인사 검증을 실시한다. 그리고 이
와 별도로 청와대 직원에 대한 인사 검증도 실시한다. 인사 검
증은 공직기강비서관실의 주요 업무 중 하나였다.

외부 인사에 대한 검증은 청와대 경내가 아닌 별도의 독
립된 공간에서 이루어졌다. 소수의 사람들이 별도의 공간에
모여서 근무하니 유대감이 돈독했다. 검증팀장은 신입 직원을
뽑을 때 후보자에게 항상 다리가 튼튼한지, 고양이 알러지가
있는지 묻곤 했는데, 외부 언덕배기에 있는 별관에 검증팀에

서 보살피던 길냥이가 여러 마리 있었기 때문이다.

좁은 공간에 갇혀 지내다시피 하니, 검증팀 직원들의 고양이 사랑이 각별했다. 돈을 모아 사료를 사주고 중성화 수술도 해주었다. 지붕에 올라간 고양이를 내려주려다 고양이한테 공격당해 머리를 꿰맨 직원도 있었다.

정권 말, 다음 정부에서 청와대를 사용하지 않는다는 소식을 들었을 때는 사람 손을 탄 그 고양이들이 굶어 죽게 될까봐 염려가 많았는데, 정이 든 어느 직원은 한 마리를 집으로 입양해가기도 했다. 어떤 식으로든 그 공간은 정부의 업무 공간으로 사용될 것이기에, 다음에 사용하는 사람들에게 캣맘 캣대디 업무를 잘 인계해달라고 시설 방호원에게 부탁드렸다.

인사 검증은 개인의 내밀한 사적 정보를 확인하는 일이기 때문에 엄격한 법적 근거하에서 진행해야 했다. 정부조직법상 인사 검증은 본래 인사혁신처의 업무였고, 대통령이 임명하는 주요 직위에 대해서는 '공직후보자 등에 관한 정보의 수집 및 관리에 관한 규정'에 의해 인사혁신처장이 대통령비서실장에게 그 권한을 위탁했던 것이다.

윤석열 정부는 이 규정을 개정해 대통령이 임명하는 주요 직위의 인사 검증을 법무부 장관이 실시할 수 있도록 위탁했다. 그런데 문제는 법무부는 본래 정부조직법상 인사 검증을 하는 부처가 아니라는 점이다.

어떤 정부 기관이 국민의 권리·의무와 관련된 일을 하려면 첫째로 그 기관에 그런 일을 하는 기능이 있어야 하고, 둘째로 그러한 권한이 있어야 한다.

윤석열 정부의 방식은 대통령령으로 인사혁신처의 권한을 법무부에 위탁한 것이어서 권한의 위탁 형식은 취했지만, 상위 법률인 정부조직법에는 법무부가 그러한 기능을 하도록 규정하고 있지 않기 때문에 조직법상 법 위반이 있다고 보는 것이 합리적인 법 해석이다. 인사권자의 업무를 보좌하는 대통령비서실에 위탁하는 것과 별개의 정부 기관인 법무부에 위탁하는 것은 차원이 다른 문제다.

정부조직법을 개정하지 않는 한, 보건복지부 장관이 의료 정책에 관한 권한을 대통령령으로 법무부 장관에게 위탁했다고 해서 법무부 장관이 의료 정책에 관한 업무를 처리할 수 없는 것과 같은 이치다.

헌법적으로도 문제가 되는 것이 모든 정부 기관, 모든 공공 기관이 청와대가 아닌 법무부의 휘하에 있게 된다. 매우 부적절한 일이다. 대통령이 임명하는 사람은 대통령 보좌 기관이 검증하는 것이 맞다.

그런데 현 정부는 대통령령으로 법무부에 권한을 위탁했으니 법 위반이 아니라고 한다. 그나마 대통령직인수위 시절에는 대통령령도 개정하지 않았으니 법무부에서 권한 위탁의 근거도 없이 인사 검증을 했을 가능성도 있다.

더 큰 문제는, 윤석열 정부의 법무부는 수사기관인 검찰과 한 몸이라는 것이다. 인사 검증에서는 개인의 정말 내밀한 영역을 보고, 경우에 따라서는 위법적인 면도 발견하는데, 인사 검증에 한정하여 정보를 확인하기로 하고 개인 정보 열람 동의서를 받기 때문에 다소 위법한 사항이 발견되더라도 이를 수사의 자료로 삼아서는 안 된다.

그런데 법무부에서, 그것도 검사들이 주체가 되어 실행하는 인사 검증에서 위법 사실이 발견되면 어떻게 할 것인가? 검사는 위법행위를 수사할 의무가 있다. 위법 수집 증거로 수사하여 처벌할 것인가? 아니면 인사 검증에서 알게 된 사항이라는 것은 감추고 아는 검사에게 조용히 흘려줄 것인가? 검사의 직무와 인사 검증의 직무는 업무 내재적으로 충돌할 가능성이 다분하다. 불법적인 정보로 미운 사람을 통제하지 말자는 것이 윤석열 대통령이 민정수석실을 없애자며 일갈할 때 든 이유 아니었던가?

공직 퇴임 직후 이런 내용으로 라디오 전화 인터뷰를 한 적이 있다. 그러자 의외의 전화가 한 통 왔는데, 청와대에서 함께 근무했던 늘공이었다.

"비서관님, 저희는 힘없는 직업 공무원에 불과합니다. 비서관님이 이렇게 인터뷰를 하시고 저들을 자극하면 당하는 것은 저희들입니다."

자중해달라는 부탁이었다. 마음이 아팠다. 그 직원의 불안한 심정을 이해할 수 있어 그후로 기자들의 연락을 받지 않았다. 하지만 우리나라가 이 정도의 나라였던가? 우리 사회가 이런 정도의 말을 했다고 불이익을 두려워해야 하는 사회가 되었단 말인가?

윤석열 정부에서 검사 출신 변호사를 국가수사본부장으로 임명하려다가 자녀의 학교 폭력 문제가 대서특필되면서 낙마하는 일이 벌어졌다. 나로서는 경찰 조직의 수장으로 친한 검사 출신을 임명한다는 발상 자체가 더 큰 문제이고 이해 불가한 일이지만, 아무튼 검증을 담당한 법무부 장관은 후보자 자녀의 학교 폭력 사안이 검증 과정에서 확인되지 않은 문제라서 몰랐고, 이전 정부부터 시스템상으로 가족의 재판 등 문제는 검증하기 어려웠다고 전 정부를 걸고넘어졌다.

정말 몰랐을까? 전 정부에서도 그랬을까? 변호사들이 간혹 쓰는 표현으로 '소가 웃을 일'이다. 자녀의 전학 문제는 고위 공직 후보 검증에 매우 중요한 사안이고, 끝까지 파고들어서 그 사유를 확인한다.

검증팀은 후보자 자녀가 서울 시내 같은 자치구 내에서 전학한 경우에도 납득할 만한 설명이나 자료가 없으면 위장 전입 또는 학교 폭력 둘 중 하나로 추정하고 가해자인지 피해자인지까지 상세히 조사하는데, 명문 고등학교 자녀의 경우에는 더 말할 것 없이 전학 사유를 확인하지 않았겠는가?

나는 정부 고위 정무직도 아닌 청와대 일개 행정관 후보의 입직을 검증하는 과정에서도 초등학생 자녀의 전학 사유가 해명될 때까지 후보자의 입직을 막은 일도 있다. 전 정부의 검증 시스템을 들먹이는 것은 매우 부적절한 책임 회피다.

무엇보다 그 정도의 직위와 사안이면 언론에 실명이 거론되지 않았더라도 언론 보도 당시 조직 내부에서 그 사람이 누구인지 파악해둔다. 정부 기관은 물론 어떤 조직에서도 조직 구성원이 익명으로 보도되면 해당자를 파악해둔다. 호기심 때문이 아니라 조직 내에서 언론에 보도된 일을 확인해두지 않으면 국회 대정부 질문 등에서 조직의 수장이 무참히 깨질 수 있기 때문에 관리자는 반드시 확인을 해두어야 한다.

지방 지청에서 일어난 검사의 사적인 사고에 관한 언론 보도도 다 꿰고 있는 손바닥만 한 검찰 조직에서, 하물며 서울중앙지검 부장검사와 관련된 언론 보도 내용을 몰랐다는 것은 평범하고 상식적인 차원의 추론으로도 진실한 답변이 아니라고 단정할 수 있다. 이런 정보는 검증 정보 수집 과정에서 아주 기초적인 사항으로, 정말로 이것을 간과했다면 담당자뿐 아니라 비서관까지 옷을 벗어야 하는 일이다.

이 건은 인사 추천과 검증을 엄격히 분리하지 않고 친한 동류 집단 출신이 인사와 검증을 모두 담당하기 때문에 발생할 수밖에 없는 사고다. 제도를 개선할 일과 담당자가 책임을 져야 할 일을 구분해야 한다. 검증을 더 상세히 해야 할 일이 아니라 인사 추천과 검증 중 어느 한 분야 담당자를 이질적인 직군의 사람으로 바꿔야 하는 일이다. 그게 윤석열 정부를 위해 좋은 일이다. 귓등으로도 안 듣겠지만…….

복불복 고위직 인사

다시 청와대의 인사 검증 업무 이야기로 가보자. 장·차관 등 고위직은 실력과 인품은 기본이고, 소위 관운이 있어야 한다.

장관 후보에 이를 정도의 사람들은 대체로 그 분야에서 성공하여 부와 명성을 이룬, 어느 정도의 기득권을 가진 사람일 수밖에 없고, 그래서 굳이 정치 성향으로 나누어보자면 비교적 보수적인 성향의 사람들이 많다. 어느 분야든 나름의 성과를 이룬 경우에는 변화보다 안정을 추구하는 것이 당연하다. 진보 정부의 인재 풀이 보수 정부보다 넓지 않은 이유 중 하나다.

인사 수요가 발생하면 인사수석실에서 민정수석실로 3배수 정도로 검증 요청을 한다. 인사 추천과 인사 검증이 분리되어 있어 검증을 담당하는 공직기강비서관실에서는 통상 추천자가 누구인지 알지 못하는 상태에서 검증하게 된다. 국회 인사청문회가 워낙 엄격하다보니 장관이 아니라 차관을 시켜주면 안 되느냐는 사람도 있었다.

문재인 정부는 출범 초기부터 시스템 인사를 지향해 7대 인사 검증 기준을 발표했다. 병역 면탈, 세금 탈루, 논문 표절, 부정한 재산 축적, 위장 전입, 음주 운전, 성비위 등이었다. 하지만 이러한 인사 검증 기준을 단순 적용하는 것이 아니라 각 기준별로 세부적인 기준을 다시 적용했다.

예컨대 위장 전입의 경우 장·차관급 세대에서는 하지 않은 사람을 찾기 어려울 정도로 관행화된 불법이었고, 일반 국민 사이에서도 위법성 인식이 매우 약한 행위여서 이를 예외 없이 적용하면 임명은 고사하고 후보도 찾기 어려운 상황이었다. 따라서 이런 경우의 세부 기준으로 위장 전입한 시기가 최근인지 과거인지, 목적이 자녀의 선호 학교 배정을 위한 것인지 아닌지, 부동산 투기 목적이 있었는지 아닌지, 횟수는 몇 번인지 등에 대해 상세한 원칙을 정해두었다.

논문의 경우에도 단순히 표절율만을 보는 것이 아니라 전문 연구자인지 아닌지, 학위논문인지 아닌지, 이익이 있었는지 아닌지, 최근의 일인지 과거의 일인지 등등 세부적인 기준이 있었다. 이런 세부 기준으로 인해, 모든 면에서 흠잡을 것 없이 깨끗하게 살아왔으나 논문 문제 하나로 탈락한 경우도 있었다.

2021년 어느 날, 공직기강비서관실에 폭탄이 떨어졌다. 검증팀과 감찰팀 모두 비상이 걸렸다.

부동산 가격 상승으로 민심이 이반되던 상황에서 LH사건이 터진 것이다. 서민들의 주택정책을 담당하는 공공 기관에서 직원들이 내부 정보를 이용하여 투기를 일삼았다는 내용이 크게 보도되었고, 국민적인 분노가 들끓었다.

공직기강비서관실 감찰팀에서는 청와대 전 직원의 부동산 소유 현황과 투기 관련 여부를 조사해야 했고, 검증팀에서는 인사 검증 기준에 다주택자 관련 부분을 추가해야 했다. 감찰팀은 빠른 시간 내에 수백 명의 자료를 검토해야 했고, 검증팀은 세부 기준이 많지 않은, 거의 곧이곧대로 적용해야 하는 원칙을 만들어야 했다.

웬 집들이 그리 많은지 고위직 후보 중에 다주택 논란을 피해갈 수 있는 사람이 얼마 되지 않기 때문에 인사 검증팀에서는 두고두고 어려움을 겪었다.

일반 직업 공무원 중에는 서울에 집이 있으면서도 세종시에 특별 분양을 받은 사람이 적지 않았다. 과거 세종시 건설 초기에 공무원들이 내려가는 것을 꺼려해 나름의 인센티브를 주어 특별 공급을 해주었던 것인데, 이제는 그것을 분양받은 사람들이 졸지에 다주택자가 되면서 당장 인사 검증 기준에 걸려 고위직으로 임용되는 데 결격사유가 되었다.

비서실, 안보실은 물론 경호처에 대해서도 다주택자 전수조사가 실시되었고, 일부 고위직은 승진이나 현직에서 낙마하기도 했다. 국민적인 공분이 일어난 사건이기 때문에, 검증 기준을 완화해 두 채가 아닌 세 채 이상으로 한다든가 투기 목적이나 투기 지역이 아니면 감안해주는 것도 쉽지 않았다. 안 그래도 좁은 인재 풀이 더 좁아진 것이었다.

인사 검증이 끝나면 그 결과를 가지고 비서실장이 주관하는 인사추천위원회가 열린다. 인사수석, 민정수석, 해당 직위를 담당하는 수석 등이 인사추천위원이 되어 대통령에게 누구를 추천할지 결정한다.

지난 대선이 끝난 후에는, 임기가 정해진 자리를 법에 정해진 절차에 따라 임명하는 것인데도 알박기 논란으로 인해 인사 업무를 제대로 진행할 수 없었다. 문재인 정부의 기준이었다면 검증에서 탈락할 수 있는 사람도 새정부에서 원하는 경우에는 상세 검증 없이 임명하기도 하고, 직위에 따라서는 서로 자리를 나누는 이른바 '딜'을 하기도 했는데, 그럼에도 불구하고 진실 공방이 일어나는 것을 보며 우리 정치가 참 저급하다는 생각이 들었다.

인사 검증 업무를 해본 공무원은 모든 생활을 조심하지 않을 수 없다. 꼭 장·차관 등 고위직이 되겠다는 목표가 아니라도, 자신이 검증하면서 문제 삼았던 사례들은 자신도 지켜야 한다는 부담이 생기는 게 자연스러운 일이다. 문재인 정부에서 함께 검증 업무를 담당했던 유능한 직업 공무원들이 자기 관리를 잘하고 성장하여 향후 고위직에 오르기를 기대하지만, 아무리 자기 관리를 잘해도 국회 인사청문회의 대상이 되는 장관급 직위에 오르는 것은 사실 관운이 많이 작용한다.

검증자의 입장에서 보면 어떤 사람은 더 큰 숨은 문제가 있지만 국회의원들끼리 약속이나 한 듯 작은 문제로만 투닥거리다가 조용히 넘어가기도 하고, 어떤 사람은 작은 문제가 침소봉대되어 낙마하기도 한다. 야당이나 언론에 찍힌 타깃이 있으면 그와 동시에 추천된 다른 직위의 후보들은 어지간한 결격사유가 있어도 조용히 넘어가기도 한다.

일할 사람은 필요한데 도덕적인 기준이 점점 엄격해진 상황에서, 가족의 일 등으로 인한 마녀사냥은 결코 바람직하지 않으니 공개 사안과 비공개 사안을 나누는 것이 일말의 해결책이 되지 않을까 싶다.

청와대 터줏대감

비서실이나 안보실 직원은 경호처 직원들과 교류할 일이 거의 없었지만, 공직기강비서관실은 업무상 협력 관계에 있어서 경호처 사람들을 자주 접할 수 있었고, 조직의 운영 형태도 관심 있게 살펴볼 기회가 있었다.

청와대의 주인은 비서실이나 안보실이 아니라 경호처라고 해도 과언이 아니다. 비서실은 5년마다 사람들이 전부 바뀌지만 경호처는 일반 공무원 조직이기 때문에 정년까지 근무한다. 물론 계급 정년은 있을 수 있겠지만 청와대의 터줏대감이 경호처임은 부인할 수 없는 사실이다. 이들이 보기에 청와대

비서실은 5년짜리 손님에 불과한 것이다.

사람들한테는 경호실이라는 명칭이 더 익숙할 텐데, 경호실은 수장이 장관급, 경호처는 수장이 차관급인 기관이다. 박근혜 정부에서는 경호실이었고, 이명박·문재인 정부에서는 경호처였다. 다만 이명박 정부에서 경호처는 대통령실 소속이었고, 문재인 정부에서 경호처는 직제상 대통령비서실과는 별도의 기관이었다.

정무직인 경호처장을 제외하고는 정치적 성향과 무관하게 신분이 보장되는 일반 공무원들이고, 어느 조직이나 그렇듯 전 정부에서 잘나가던 사람이 정부가 바뀌면 주춤하고 한직으로 밀리거나 하는 경우는 있겠지만, 소위 정권의 성향에 따라 조직의 성향 자체가 크게 바뀌지는 않는다. 그래서 문재인 정부에서는 최초로 경호처 내부 승진으로 처장을 임명하기도 했다. 당시 그 일로 경호처 직원들의 사기가 많이 올라갔다.

청와대 경내를 지키던 101경비단과 청와대 외곽을 지키던 202경비단은 경호처 소속이 아니라 경찰 조직이다. 횡단보도 하나를 사이에 두고 안쪽은 101경비단, 건너편은 202경비단으로 소속이 달랐다. 101경비단은 경찰 중에서도 뛰어난 인재들이 근무하는데, 대통령 경호를 지원하는 경찰 조직이라 경호처와의 업무 협력이 중요하다. 업무적으로는 별문제 없이 협력이 잘 이루어지지만, 경호처와 경찰 사이에는 말로 표현하기 애매한 약간의 미묘한 관계도 있다고 들었다.

문재인 정부 공직기강비서관실은 경호처의 기관 독립성을 존중하여 경호처 내부의 사건은 자체적으로 감찰하도록 하고 그 결과만을 공유받았다. 그렇게 함으로써 터줏대감 조직 내부의 온정주의를 견제했으나, 때론 경호처 공무원이기 때문에 오히려 과도한 불이익을 받는 과정도 지켜볼 수 있었다.

오로지 대통령 경호를 목적으로 하는 기관이고, 그것을 명예와 긍지로 삼는 기관이지만, 어느 조직이나 그렇듯이 승진 등 내부 경쟁 과정에서의 잡음이 외부로 흘러나오기도 하고, 직업적 소명 의식이 없는 일탈자도 발생했다.

과거에는 경호처 직원임을 내세워 외부에서 권력을 행사하던 때도 있었지만, 요즈음은 신분을 내세우는 것 자체가 징계 대상이다. 그래서 민간인과 사적인 다툼 과정에서 오히려 불이익을 당하기도 했다. 직원 개인의 일탈 행위 이외에 가족 친지의 일탈 행위도 좀 있었는데, 소위 내 아들이, 내 딸이 청와대 경호처에 근무한다고 큰소리쳤다가 그 아들딸에게 피해를 입히는 경우도 있었다. 권위주의 시절에는 통했을지 몰라도 요즘은 오히려 민원의 대상이 되는 일이다. 권력기관에서 근무한다는 사실 때문에 오히려 억울한 일이 있어도 참아야 하는 일이 다반사다.

2020년 7월 문 대통령이 국회의사당에서 국회 개원 연설을 마치고 나올 때 어떤 사람이 대통령을 향해 신발을 벗어 던졌다. 그는 극우 보수의 영웅처럼 대접받았지만, 조사 과정에서 과거 고등학생을 성폭행한 혐의로 구속까지 되었던 파렴치한인 것이 밝혀졌다. 신발은 대통령과 거리가 있는 곳에 떨어졌지만, 통치권자에 대한 직접적·물리적 위해를 시도했다는 점에서 심각한 사안이었다.

짧은 뉴스로 지나갈 일이지만, 경호처 내에서는 한바탕 난리가 났다. 근접 경호를 담당했던 직원, 원거리 경호를 담당했던 직원, 전체 경호를 총괄했던 직원, 국회 방호원 등의 책임 소재를 따져야 했다.

경호처 간부는 현장에서 위험성이 없다고 판단했다면 그 판단을 존중하겠지만 그래도 위험한 물건이 포함되어 있을 수 있으니 무조건 신발을 몸으로 덮쳤어야 한다고 말했다. 폭발물이라 해도 덮치도록 본능적으로 훈련되어 있는 사람들인데 왜 가만히 보고 있었는지 안타깝다는 취지였다. 그렇게 한번 호되게 당하고 상황 훈련을 보다 엄격하게 수행했는지, 박근혜 대통령 석방 후 던져진 소주병을 몸으로 막으려 했던 경호원은 큰 호평을 받았다. 경호처는 한 사람의 짧은 순간적 판단으로 영웅이 되기도 하고 역적이 되기도 하는 조직이었다.

이 오랜 터줏대감들의 터가 하루아침에 옮겨졌으니 그 고생을 어찌 다 말할 수 있을까. 문재인 정부 말기에 이사하는 모습을 지켜보았는데, 다들 너무 정신이 없어서 인사도 제대로 하지 못하고 나왔다. 자신들끼리 담배를 피우며 주고받는 대화에서 불만과 경호 공백에 대한 우려가 묻어나왔다. 밤샘 교대 근무를 하는데 마땅히 쉴 곳도 샤워할 곳도 없어서, 101 경비단 직원 중에는 컨테이너에서 대기하는 사람도 있다고 들었다. 애먼 사람들을 너무 고생시킨다.

멋지고 믿음직해 보였던 경호처 직원들. 어떤 상황에서도, 어디에서도 사고 없이 대한민국 대통령을 잘 지켜주기를 바랄 뿐이다.

6장

청   와   대
일   상   다   반   사

✦

눈과 귀는 있으나, 입은 없다

✦

✦

청와대 공무원은 눈과 귀는 있되 입은 없어야 한다. 대통령의
비서에 불과하지 개인적인 의견을 펼치는 위치에 있지 않다.
한마디 한마디가 자칫하면 대통령이나 비서실 전체의 의견으
로 비칠 수도 있고, 의도하지 않은 파장을 일으키기 십상이다.
그래서 심지어 출퇴근 통근 버스에서도 업무 이야기는 하지
않도록 버스에서 방송도 하고 경고 스티커도 붙여놓았다.

　하지만 이게 생각처럼 쉬운 일은 아니다. 모르는 것을 아
는 척하는 것은 오히려 쉬운 일이고, 아는 것을 모르는 척하는
것이 더 어려운 일이다. 서울을 가보지 않은 사람이 더 잘 안

다고, 청와대에 두세 달 근무하다가 나간 행정 요원이 청와대 생활을 줄줄이 이야기하고 다니는 경우가 있다고 들었는데, 실제로 중요한 일을 담당한 사람들은 자신이 맡았던 일에 대해서도 아는 척을 잘하지 않는다.

따라서 이 정도의 수준에서라도 청와대의 일상생활을 터놓고 이야기할 수 있는 것은 윤석열 정부가 청와대를 사용하지 않게 되었기 때문일 수도 있겠다.

대부분의 업무가 그렇지만, 인사나 감찰 사안은 더욱더 보안 유지가 중요한 일들이다. 한번은 장관 인사 문제로 국회에서 인사수석실이 의원들에게 호된 질책을 당했는데, 사실은 인사수석실이 아니라 검증을 담당한 민정수석실이 받아야 할 비판이었다. 그런데도 인사수석실은 아무 변명도 하지 않았다. 민정수석실에서 인사수석실에 밥은 한 끼 사드렸으려나 모르겠다.

하고 싶은 말을 할 수 없어 답답해 울화병이 날 수도 있겠지만, 공식적으로 언론과 소통하는 부서가 따로 있기 때문에 여타 부서에서는 개별적으로 기자들과 접촉하는 것이 암묵적으로 금지되어 있다. 그럼에도 이른바 '실세'들은 소셜미디어든 방송이든 하고 싶은 말을 하기도 했다. 간혹 사전에 소통수석실과 협의하지 않고 개인적으로 의견을 내지르는 경우도 있었다.

한편, 말을 하는 입은 없다지만 술 마시는 입은 또 있기 때문에 술자리에서 술이 대신 이야기를 하기도 한다. 사람의 말을 막는 것은 애당초 불가능한 일이다. '임금님 귀는 당나귀 귀'라는 이야기가 있는 것도 다 이유가 있을 것이다. 그냥 청와대에서 하는 일은 모두 공개된다고 생각하고 일하는 게 마음 편하다.

✦

꼰대와 맑은 눈의 광인

✦

✦

우연히 '맑은 눈의 광인'이 등장하는 유튜브 프로그램을 알게 되어 재미있게 시청하고 있다. MZ세대가 직장에서 윗세대와 상사들과 티격태격하는 코미디 콘텐츠이다.

좀 더 고상한 버전으로는 『90년생이 온다』라는 책이 큰 반향을 일으킨 적이 있고, 덩달아 공직 사회에도 『90년생 공무원이 온다』라는 책이 배부되기도 했다.

요즈음은 MZ세대 이후의 알파 세대까지 분류되고 있다고 하는데, 나는 X세대니 밀레니얼 세대니 하면서 10년씩 묶어서 젊은 세대를 통칭하는 세대 구분론에 딱히 공감하는 편은 아니다.

조직이나 집단보다 개인의 행복을 우선하고, 소유하기보다 경험하기를 좋아하고, 브랜드에 민감하고, 당돌하고, 개성 있고, 질서에 순응하기보다 의심해보는 것은 어느 세대나 젊은 시절에 겪는 인류의 공통된 특징 아닌가?

다만 산업화 세대와 민주화 세대, 정보화 세대의 구분처럼 디지털 원주민 세대는 디지털 유목민 세대와 달리 그 세대만의 독특한 경험이나 현상도 있기는 할 테니, 사회현상을 세부적으로 나누고 분석하기 좋아하는 사회학자들의 일을 마냥 무시할 일도 아닌 듯하다.

청와대에도 MZ세대 공무원들이 들어와 있었다.

'요즘 젊은 것들'에 대한 기성세대의 '꼰대' 마인드는 소크라테스 때부터 있었다고 하지만, 나도 청와대에서 근무하면서 어느새 꼰대가 되었다는 걸 발견하고 내심 뜨끔했다. 맡은 업무이니 불만 사항이나 제보 사항을 열심히 처리하기는 했지만, 공직기강비서관실에 접수되는 제보 사항 중에는 내심 공감하기 어려운 일도 있었던 것이다.

나로서는 상상하기 어려운 젊은 행정 요원들의 제보 사항을 접하면서, 이제 기성세대는 정말 과거에 생각지 못했던 일까지도 세심하게 배려하며 살아야 한다는 세대 차이를 분명히 느낄 수 있었다.

예컨대 비서관이 다른 비서관과의 식사 장소 예약을 막내 직원에게 부탁했다거나, 비서관실 직원들이 함께 식사를 한 후 다 같이 뒷길 산책을 하자고 제안하면서 빠지기 어색하게 분위기를 만들었다거나, 식사를 배달해서 먹을 때 배달 음식 메뉴 선정이나 주문을 서무 담당 직원에게 전담시켰다는 일로 신고가 접수되기도 했다. 청와대 인근 음식점 상권 활성화를 위해 금요일 점심에는 구내식당이 문을 닫았는데, 코로나로 외부 식당을 이용하는 것이 조심스러워 민간인 접근이 가능한 연풍문까지 음식을 배달시키는 비서관실이 꽤 있었고, 이와 관련한 갑질 신고가 여러 차례 제기되었다.

친한 사이에는 다소 반말을 해도 괜찮다고 생각하는 사람들과 아무리 상사이고 친하다고 해도 반말은 안 된다고 생각하는 사람들이 있다. 청와대는 24시간 긴장해서 돌아가야 하는 곳이지 자기 권리 다 찾아가며 퇴근 시간, 공휴일 다 지킬 수 없다는 생각의 사람들이 있는가 하면, 청와대든 백악관이든 공무원은 정해진 근무시간만 지키면 된다는 생각의 사람들도 있었다. 세대 갈등이라기보다 세대가 발전해가는 과정이리라 생각한다.

　다만 나이와 무관하게 젊은 꼰대들에 관한 제보도 심심치 않게 있었던 것을 보면, '꼰대'인지 '맑·눈·광'인지는 나이나 세대의 문제가 아니라 타인을 배려하려는 마음이 부족한 개인의 인격적 문제 아닐까?

가능한 일도 없고, 불가능한 일도 없다

✦

청와대에 근무하면서 내가 담당하고 있는 업무와 무관하게 지인들로부터 많은 부탁을 받았다.

권위주의 시대가 마감되고 민주주의와 법치주의가 안착한 이 시대에, 아직도 청와대 이름만 대면 만사 오케이인 줄 아는 사람들이 있다. 심지어 학식과 지위가 높고 전문 지식을 가진 사람 중에도 그런 사람들이 많았다. 나조차도 청와대에 근무하기 전까지는 일정 부분 그런 생각을 한 적이 있었다. 내가 받은 청탁의 유형들을 크게 나누어보면 다음과 같다.

첫 번째, 모르는 사람

"이병군 행정관님 되십니까?"

청와대에 입직한 지 얼마 되지 않아 모르는 번호로 여러 통의 전화가 왔다. 몇 번 전화를 받지 않다 중요한 일인가 싶어 받았다.

"저는 A라고 합니다. 제가 용산역에서 행정관님 명함을 주웠습니다. 제가 경상도 지역에서 어렵게 정당 활동을 하고 민주평통에서도 활동하고 있는데, 얼굴 한번 뵙고 싶어서 연락드렸습니다."

"아 예, 명함은 폐기해주십시오. 감사합니다."

그렇게 전화를 끊었는데, 다시 전화가 왔다.

"다름이 아니라 제가 안보실에 설비를 납품하려고 하는데요……."

"아 예, 죄송합니다. 제가 하는 업무가 아니어서요, 공식적인 통로를 이용하시죠. 전화 끊겠습니다."

두 번째, 고등학교 동창

청와대에 들어간 지 얼마 되지 않아 고등학교 동창에게 연락이 왔다. 동창이라고 하지만 거의 기억이 나지 않는, 단체 모임에서나 간혹 얼굴을 보는 정도의 친구였다. 평소 연락하고 지내는 사이는 아니었는데, 청와대 들어간 것을 축하해주기에 전화가 올 때마다 안부를 주고받는 정도로 응대하곤 했다.

"친구야, 얼굴 한번 보자. 내가 진행하는 사업이 하나 있는데, 이게 문화재로 등록되는 게 맞는데 공무원들이 잘 안 움직인다. 너한테 등록해달라고 부탁하는 건 아니고, 그냥 우리 쪽 설명만 한번 들어서 부처에 전달해주면 안 되겠냐? 공무원들이 아예 들을 생각을 안 하네. 나랑 식사 한번 하자."

"미안하다. 내가 정책 업무하고는 아무 관련도 없는 곳에 있고, 어디 뭐 부탁할 힘도 없어. 너랑 식사하는 거야 어렵지 않지만, 사업하는 사람 만나는 건 좀 부담스러워. 미안."

세 번째, 대학 동창

역시 친한 친구는 아니었다. 이 친구는 전화를 하더니 여윳돈이 조금 있어서 투자하려고 하는데 어디 좋은 투자처가 없느냐고 진지하게 물었다. 청와대에 근무하면 좋은 정보가 많이 있을 테니 좀 알려달라는 것이었다. 농담 삼아 지나가는 말이 아니라, 매우 진지한 태도였다.

"아이고 친구야, 그런 정보 있으면 나도 좀 알고 싶다."

네 번째, 사회 선배 공무원

"이 국장, 이번에 우리 기관에서 인사가 있는데, 정말 성실하고 능력 있는 사람인데 상사랑 트러블이 있어서 자꾸 승진이 누락되네. BH에서 힘 좀 써주시게. 그리고 A국장은 적폐야 적폐. 전 정부에 충성하면서 노무현 대통령 욕하던 사람인데 왜 그리 잘나가게 놓아두나? 힘이 있으면 그걸 제대로 써야지 참 답답하네."

기억을 되뇌어보니 부탁받은 일이 셀 수 없이 많다. 수십수백 가지 이상의 사례를 일일이 기억을 되뇌어 서술하는 것은 의미 없는 일이다. 특히 인사철이 되면 힘 있는 권력기관일수록 더욱더 승진이나 보직 인사를 부탁하는 취지의 연락을 많이 받는다.

초기에 이런 종류의 전화를 몇 통 받은 뒤로는 모르는 번호로 걸려오는 전화는 받지 않았다. 국가안보실에서 민정수석실로 보직을 옮기면서는 변호사로 일할 때의 의뢰인들과도 일체의 연락을 끊었다.

변호사로 일할 때는 사람 만나고 사귀는 게 중요한 일이었지만, 청와대에서는 코로나로 사회적 거리두기가 엄격하게 진행되던 시기까지 겹쳐서 가급적 사람들과의 모임을 자제했다. 그럼에도 지인, 지인의 지인으로부터 많은 종류의 청탁 전화를 받았다.

청와대에 근무하면 그런 부탁을 다 들어줄 수 있을까?

일단 적법성 여부는 차치하고, 돈 되는 투자 정보, 납품 관련 업체 선정, 정부 기관 공무원 승진 인사 등에 청와대 행정관이 영향을 미칠 수 있을까?

혹자는 "여기는 제대로 되는 일도 없지만, 또 안 되는 일도 없다"고 했다. 하지만 내 경우에는 위법하든 적법하든 부탁받은 일 중 뭐 하나 시원스럽게 도와줄 수 있는 일이 없었다. 부탁을 들어주고 안 들어주고를 떠나서 행정관, 선임행정관, 비서관 업무를 모두 겪어본 나로서도, 내가 맡은 업무 범위에서는 부탁받은 일들 중에 할 수 있는 게 별로 많지 않았다.

물론 고위직 인사 검증을 하기도 했지만, 인사 검증은 인사 추천과 엄격히 분리되어 있고 기본적인 방향은 정해진 매뉴얼에 따라 실무자들이 진행했기 때문에 경계선에 있는 사안에 대해 함께 토론하고 결재하는 이외에, 되는 걸 억지로 안 되게 하거나 안 되는 걸 되게 하는 그런 일은 있을 수 없었다.

오히려 부처 승진 인사 때는 청와대로 파견 나온 부하 직원들이 불이익을 받는 경우가 있어, 유능한 인재가 청와대에 와서 성실히 일했으니 최소한 불이익은 입지 않게 공정한 평가를 해달라고 파견 기관에 읍소하는 일이 있었을 정도였다. 그것도 잘 안 먹혔다. 그만큼 부처의 인사는 정해진 평가 시스템에 의해 진행되는 경우가 많았다.

물론 청와대에서는 불가능한 일도 없다고 하니 이리저리 알아보고 영향을 미칠 수 있는 일이 왜 없었겠는가마는, 자칫 공정성 시비나 위법성 시비에 걸릴 수 있는 일은 삼가고 또 삼가야 했다.

더욱이 공직기강비서관실에서 근무할 때는 시비 걸릴 염려가 없는 일까지도 철저히 자기 검열을 해야 했다. 무슨 자랑이나 '자기 부심'이 아니라, 그게 역사적인 무혈 촛불 시민 혁명으로 이루어낸 정부의 태도여야 한다고 생각했고, 지금도 그 생각에는 변함이 없다.

견자교를 건너 국회로

✦

국회는 정부를 견제하고 감시한다. 그렇기 때문에 청와대 직원들의 주요 업무 중 하나는 국회의 대정부 질문에 답변하는 일이다. 청와대를 담당하는 국회 상임위는 운영위원회이고, 청와대에서는 정무수석실이 국회 업무를 총괄한다.

　　매일 수시로 국회의원들의 서면 질의가 들어오고, 이에 답변해야 한다. 실수라면 몰라도 고의로 거짓 답변하는 것은 상상도 하지 못한다. 실수로 정부에 불리하게 답변했는데 바로잡지 못해 오해를 산 적도 실제 있었다. 정 밝히기 어려운 경우에는 에둘러 두루뭉술하게 표현을 하더라도 거짓 답변을 할 수는 없다.

국회 운영위원회를 앞두고는 질문이 쏟아진다. 국회 출석 몇 주 전부터 각 비서관실별로 예상 질문과 답변을 준비하고, 수석실별로 국회 담당자들이 참석한 가운데 준비 회의도 연다. 답변할 사항을 미리 검토하고 예행연습을 하는 것이다. 보안을 요하는 감찰 결과 같은 사항에 대해서는 회의석상에서 발표하지 않고 별도로 보고하기도 했다.

강독회에 참석해보면, 이전 국회 회기 이후 그 시점까지 대한민국 사회 전반에 걸쳐서 어떤 이슈들이 논의되었는지 대략적으로 알 수 있다. 각 수석실, 비서관실에서는 담당 업무만 파악하고 있으면 되지만 비서실장과 정책실장은 전 분야를 모두 파악하고 있어야 한다. 그리고 과하지도 부족하지도 않게 적정 수준에서 답변해야 한다.

국회 운영위원회가 열리는 날은 비서실장부터 수석급 주요 간부들과 다수의 비서관들이 국회에 출석한다. 담당 수석실인 정무수석실 직원들이 가장 긴장하고 바쁜 날이다. 정무수석실의 거의 모든 직원들이 총출동하여 국회에서의 행정과 의전 관련 사무들을 처리한다.

관행적으로 민정수석은 특별한 사안이 아니면 국회에 출

석하지 않는데, 이를 두고 야당과 여당 의원들이 실랑이하다 파행이 되기도 한다. 특별감찰반 사건으로 조국 민정수석이 국회에 출석한 사례가 있었다.

민정수석실에서는 국회 업무를 담당하는 것이 공직기강 비서관실이었기 때문에 운영위원회가 있는 날에는 공직기강 선임행정관이 혼자 국회로 출장을 갔다. 선임비서관실인 민정 비서관실에서 국회 업무를 담당하지 않고 공직기강비서관실 에서 담당하는 업무 배정이 다소 의외였으나, 심오한 의미가 있어서라기보다 정부 초기에 각 비서관실의 업무 부담을 고려 하여 그렇게 정한 것이라고 한다.

대정부 질문에서는 때론 모욕적인 언사가 오가기도 한다. 국회의원들도 방송에 얼굴을 비추며 본인의 실력을 발휘해야 하기 때문에, 때로는 진실을 알면서도 격한 언어로 과장된 공 격을 하기도 한다.

여의도 국회에서 강북으로 넘어오는 서강대교는 별칭이 견자교犬子橋라고 한다. 국회 대정부 질문에 참석했던 장관들이 광화문청사나 서울역으로 돌아가는 한강 다리에서 분을 이기 지 못하여 혼자 내뱉는 욕설 때문에 붙은 별명이라고 한다. 국회에서 얼마나 모욕을 당했으면 그럴까 싶다. 국회의원 출신 비서실장은 경우에 따라서는 언성을 높여 대거리하기도 했고, 관료 출신 비서실장은 가급적 의원들과 부딪히지 않고 몸을 낮추었다.

국회 대정부 질문 과정을 보면, 어떤 경우에는 왜 저렇게 명확히 답변하지 못하고 동문서답을 하는지, 두루뭉술하게 넘어가는지 답답한 경우도 있지만, 상세한 사정을 알고 보면 그럴 수밖에 없었구나 하는 일이 많다. 사실을 속 시원히 밝히고 싶지만 그것이 또 다른 오해를 살 빌미를 제공하거나, 불필요한 논란을 가중시키게 될 경우이다. 물론 답변이 궁색한 경우도 적지 않다. 국민들에게 있는 사실 그대로를 밝히는 것이 정부의 의무이지만, 과도한 정쟁을 적정한 수준에서 끊어야 하는 것도 청와대의 역할이다.

국회 운영위원회는 보통 아침 10시경 시작하여 밤 12시를 넘어서까지 진행되었고, 질의 답변을 하는 분들도 힘들겠지만, 아무 말도 하지 못하고 하루 종일 뒷자리에 앉아 배석하는 것도 보통 힘든 일은 아니다.

다행이라고 해야 할지 모르겠으나, 내가 국회에 배석하는 동안은 코로나로 인해 회의실 참석 인원이 최소한도로 제한되었고, 배석하는 비서관과 행정관들은 운영위원회 회의실 옆의 다른 공간에서 대기했다. 혼자 피식 웃다 상임위원장에게 크게 혼날 일도 없고, 자리 이동도 자유로웠다.

이제 공수가 뒤바뀌었으니, 또 누군가는 서강대교를 건너며 견자를 외치고 있겠지.

언론 대응, 빨대가 있나?

✦

청와대를 감시하는 곳은 국회뿐이 아니다. 과거에 비해 다양해지고 힘이 강해진 언론은 더욱 중요한 정부 감시 기관이다. 춘추관 출입 기자들은 어디서 그렇게 정보를 얻어내는지 청와대 내부의 사안들을 내밀한 부분까지 기사로 쏟아냈고, 때로는 근거가 빈약한 억측도 많이 기사화되었다.

　청와대 출입 기자실인 춘추관은 청와대 직원들의 사무 공간인 여민관과는 분리된 독립 건물이다. 춘추관에 출입하는 기자들은 언론사에서도 가장 유능한 사람들이라고 한다. 언론사 내에서는 상징적 의미로 '1호 기자'라고도 불린다. 대선 때부터 해당 후보를 전담해 기사를 쓰다 그 후보가 당선되면 춘추관 출입 기자가 되는 경우가 많다.

기자들은 여러 명의 청와대 내부 직원들을 접촉하여 얻은 편린 같은 작은 한마디 한마디 단서들을 모아서 조각 맞추듯 하나의 큰 그림을 완성하고 기사를 만들어냈다. 어떤 기자는 청와대 직원들의 출퇴근 통근 버스에 타서 직원들이 하는 이야기를 살짝 엿들었다가 기사를 작성하기도 했다. 대단했다.

사실을 묘하게 비틀어 해석해 허위인 듯 아닌 듯 사적 감정이 가득한 기사를 작성하기도 하고, 때로는 극소수의 내부 관계자만 알고 있는 사실을 매우 정확하게 파악해 기사를 내기도 했다.

유독 단독 기사를 많이 냈던 J일보 K기자는 공직기강비서관실에서 이름을 다 기억할 정도로 유명했다.

언론과의 소통은 투명한 정부를 위해 가장 중요한 일이었으나, 언론과 소통한답시고 대통령과 참모의 사적인 대화나 아직 결정되지 않은 논의 중인 사안을 언론에 유출해 정책의 신뢰성을 흔드는 사람들도 더러 있었다. 언론과의 소통을 담당하는 역할이 아닌 누구누구가 기자들과 자주 낮술을 먹더라

하는 정보도 들려왔다.

청와대 내부의 내밀한 비공개 사항에 관한 기사가 언론에 유출되어 공직기강비서관실에서 그 취재원, 속칭 '빨대'를 찾아내는 조사를 몇 차례 진행했다. 유출자를 명확히 찾아낸 경우도 있고, 대략적으로 특정한 경우도 있고, 찾아내지 못한 경우도 있었다.

언론에서 기사에 취재원을 표시할 때는 직급에 따라 미묘한 차이를 둔다. 청와대 '관계자', 청와대 '고위 관계자', 청와대 '핵심 관계자' 등으로 기사에 표시되는데, 언론사마다 나름의 기준이 있기도 하고, 어떤 언론사는 구분 없이 그냥 혼재해서 사용하기도 한다. 감찰 조사를 하는 입장에서는 취재원에 대한 이런 미묘한 표현의 차이를 기초로 유출 대상자의 범위를 좁혀나가기도 한다. 예컨대 기사에 '청와대 핵심 관계자'로 나오면, 행정관급을 뛰어넘어 수석급 이상으로 혐의자를 축소하는 식이다.

휴대전화를 포렌식하면 명확히 찾아낼 수 있는 경우가 많았겠지만 언론과 접촉했다고 개인의 휴대전화를 포렌식까지 하는 것은 과도한 일이기 때문에 그렇게까지는 하지 않았다. 어떤 회의 참석자들은 다 같이 휴대폰을 열어보자고 제안하는 경우도 있었지만, 그렇게까지 하는 것은 서로를 너무 믿지 못하는 것이고, 그 정도로 서로를 신뢰하지 못하면 모두가 청와대를 나가야 한다는 말까지 나왔다.

청와대 직원들은 공식적인 언론 대응에도 많은 노력을 기울여야 했다. 언론 대응은 PG press guidance라는 용어를 사용하는데, 언론 기사가 나오면 거기에 대응해서 청와대의 입장을 전달한다. 사안과 관련된 비서관실에서 초안을 준비하고 대변인실과 협의해 최종안을 결정한다. 보통은 새벽 한두 시간 내에 급박하게 이루어진다.

언론 대응의 기본은 국회 답변과 동일하다. 고의로 허위 사실을 전달하면 안 된다. 거짓말을 할 수 없다는 말이다. 거짓말을 하면 정부에 대한 기본적인 신뢰가 흔들린다. 그리고 진실은 어떻게든 드러난다.

윤석열 정부 초기에 인사비서관의 배우자가 NATO 순방에 동참했는지에 대해서 "전체 일정을 기획하고 지원했지만 배우자 수행은 없었다"라고 발표한 적이 있었는데, 놀라움을 금할 수 없었다.

공과 사를 전혀 구분하지 못할뿐더러 무엇이 잘못됐는지 아예 인식조차 못하는 것이다. 더욱이 그것을 해명하는 대통령실의 대응은 더욱 황당했다. 민간인이 대통령의 순방 행사를 사전 기획했다고 아무 거리낌 없이 대변인 논평을 내다니!

뭘 좀 아는 사람들은 어떻게 저런 PG를 낼 수 있는지 의아해했다. 민간인이 전체 일정을 기획하고 지원했다고? 그것도 인사비서관의 배우자가? 인사비서관은 해외 공관과 외교부 산하 기관의 인사도 총괄하는 자리이다. 그런데 민간인인 인사비서관의 배우자가 해외 순방에 미리 참여하여 자기소개를 하고 경호처 직원들, 해외 공관 직원들, 외교부 직원들과 만나 사전에 대통령 일정을 기획했다는 것인가?

더한 사례도 있다. 윤석열 대통령실 행정관이 작성해 시민소통비서관에게 보고한 '용산 대통령 집무실 앞 집회 및 시위 입체분석'이라는 제목의 문건은 대통령실 인근에서 집회하는 시민단체와 노동조합의 결합을 막아야 한다는 내용을 담고 있었는데, 한 방송사가 관련 내용을 보도하자 시민소통비서관은 해당 문건을 상부에 보고하지 않고 폐기했다고 해명하기도 했다.

행정 요원이 제목을 달아서 비서관에게 공식 보고한 문건을 폐기했다고? 행정 요원이 비서관에게 보고한 문건은 명백히 대통령기록물이다. 심지어 법원은 경우에 따라서는 문건이 완성되기 전의 초안까지도 대통령기록물로 인정한다. 그런데 그걸 폐기했다고 버젓이 언론에 해명한다고?

대한민국 검찰은 무엇을 하고 있는가? 참여정부, 문재인 정부에 대해서는 그렇게 엄격하게 적용하고 있는 공공기록물, 대통령기록물 삭제 수사를 왜 이렇게 범죄 혐의가 명백한 사안에는 적용하지 않는가? 언론에 대놓고 대통령기록물인 보고서를 폐기했다고 하는데, 언론도 검찰도 아무런 반응이 없다. 도무지 모를 일이다.

극우 유튜버를 대통령취임식에 초청한 일로 언론 기사가 나온 적도 있다. 국회에서 대통령 취임식 명단을 요청하자 행정안전부에서는 개인 정보가 포함되어 있어 이를 폐기했다고 해명했다.

개인정보보호법은 다른 법률에 의해 보관할 필요가 있으면 개인 정보가 담긴 문건도 보관하도록 하고 있다. 그리고 대통령기록물법에 의하면 부처에서 인수위에 보고한 문건은 명백히 대통령기록물이다. 개인 정보 때문에 폐기해야 한다면 정부 기관에서 민간인 관련 문서는 한 건도 가지고 있을 수 없다. 말도 안 되는 변명이다. 그런데 그걸 폐기했다고 당당하게 언론에 해명한다고?

나중에야 문제가 되는 것을 알아챘는지, 대통령기록물은 폐기하지 않고 남아 있단다. 정부 기관이 시시각각 말을 바꾼다. 단순 실수라 하기에는 너무나 어이없는 행태이다.

급기야 순방 외교 자리에서, 미국이든 대한민국이든 국회를 향해 '이 새끼들'이라고 욕설을 아무렇지도 않게 내뱉고 비속어를 사용하고, '바이든'이든 '날리면'이든 자신이 한 말의 진상을 조사하라고 시켜 집권 여당이 언론사를 항의 방문하고 고발한다. 사과하고 말조심하면 될 일을 거짓으로 덮고 키운 후 오히려 문제 제기한 언론을 공격한다. 적반하장에, 후안무치도 이런 후안무치가 없다.

호통치고, 욕하고, 거짓말하던 트럼프 시대에 미국 사회가, 세계가 얼마나 큰 고통을 겪고 퇴보했는지 우리는 잘 알고 있다.

국민들이 윤석열 대통령에게 많은 것을 기대하지는 않았겠지만, 적어도 선 굵고 통 큰 검사의 모습은 기대했을 것이다.

하지만 현실은 절망적이다. 공석에서든 사석에서든 한 나라의 리더가 사용하는 언어가 아니다. UAE에서 말실수를 하여 중요한 외교적 문제를 일으키고도, 그것을 비판하면 국익을 훼손하는 것이라고 엄포를 놓는다. 국민들을 너무 부끄럽게 한다.

아홉 명의 불만 세력과 한 명의 배신자

✦

인사철이 되면 국립묘지가 들썩들썩한다는 이야기가 있다.

사망하여 백골이 된 공무원들도 '내가 이번에 승진하나' 하고 무덤 속에서 들썩인다는 농담이다. 국가안보실 군인들 사이에서는 '사관학교 생도일 때는 동기, 위관급이 되면 경쟁자, 영관급이 되면 적'이 된다는 농담도 있었다. 그만큼 공무원들은 승진 인사에 크게 얽매인다.

청와대에서 내부 승진 인사를 담당하는 곳은 깐깐하기가 이루 말할 수 없었다. 청와대에 들어와서 새벽부터 긴장하며 늦은 시간까지 고생하면 어공이든 늘공이든 일정 시간 후 웬만하면 승진을 시켜준다는데, 우리 정부의 청와대 내부 승진 인사를 담당하는 비서관실은 좀 달랐다.

본소속 부처에 있었으면 당연히 승진해야 할 순번에 있는 늘공에 대해서도 매우 엄격하게 승진을 제한하는 바람에 여러 비서관실과 껄끄러운 관계가 생겨났다. 승진 인사가 후해지는 임기 말에도 마찬가지였다. 내부 승진 인사 때마다 물밑에서 적지 않은 갈등이 있었고, 때로는 갈등이 표면화되기도 했다.

혹자는 원칙을 지키는 것이라고 평가했고, 혹자는 과도한 전횡이라고 평가했다. 지나고 보니, 정권이 바뀌었다고 어공이 늘공을 안타깝게 생각해주는 것만큼 부질없는 일도 없는 것 같다. 어차피 실력 있는 늘공들은 6개월 내지 1년 정도 차이로 앞서거니 뒤서거니 승진해나간다.

승진이라는 개념이 없는 변호사 생활을 할 때는 공무원의 직급 체계를 잘 알지 못했고, 승진 연한이나 직급에 부여된 역할에 대해서도 정확히 알지 못했다. 그리고 공무원들이 얼마나 승진에 애쓰는지도 체감하지 못했다. 어느 승진한 직원이 들려준 이야기에 따르면, 특히 6급에서 5급으로 승진을 하는 것은 '팔자를 고치는 일'이다. 우리가 속담처럼 쓰는 관용어 중에 '팔자를 고친다'는 말은 타고난 운명인 사주팔자를 고치는 일로, 묘비나 제사상에 써 붙이는 '현고학생부군신위' 여덟 글자가 사무관으로 승진하면 '현고사무관부군신위'로 바뀐다고 해서 유래한 말이라고 한다.

공무원 직급은 지금도 다 이해할 수 없을 정도로 복잡다단한데, 그냥 1, 2, 3급 직급이 정해져 있는 직위는 별다른 문제가 없지만, 군인이나 경찰, 검찰 같은 특정 직업군의 경우 따로 직급이 정해진 것이 아니라 몇 급 예우 이런 식으로 처리된다. 그러다보니 통상 한 부처에 차관이 한두 명, 많으면 세 명 정도 있는데, 검찰청 같은 경우 검사장을 차관급으로 예우하면 법무부의 외청인 검찰청에만 차관급이 20명이 넘게 되는 문제가 생긴다. 힘이 있는 기관일수록 직급 인플레가 심했다.

어공은 늘공에 비해 승진이 빠른 편이다. 어차피 계속 공무원 생활을 하는 것이 아니고 그 정부의 한정된 기간 내에 공직에 있는 것이기 때문에, 그리고 조금이라도 높은 직급으로 퇴직하는 것이 다음 스텝에 도움이 될 것이기에, 늘공만큼은 아니지만 승진에 신경을 많이 썼다. 조직 생활을 하는 곳에서는 어쩔 수 없는 일이지 싶다.

인사 업무에 대해 경험이 많은 어떤 직원은 늘공의 승진 인사에 대해 이렇게 평가했다. "공무원 승진 인사는 아홉 명의 불만 세력과 한 명의 배신자를 낳는 일이다."

승진하지 못한 사람은 불만이 쌓이고, 승진한 사람은 자신이 잘나서 된 걸로 생각해 음양으로 도와준 사람들을 모른 척한다는 것이다.

문재인 정부의 잘못을 탈탈 털어 어떻게든 욕보이겠다고 달려드는 사정 기관들을 보면서 딱 그 말이 생각난다. 스스로 한 일을 스스로 부정해야 하는 실무를 담당하는 직업 공무원들의 상황이 안쓰럽기도 하다.

✦

월급 천만 원은 받지요?

✦

✦

"변호사 하다가 청와대에 들어가니 경제적으로는 좀 어때요?"

청와대에 들어간 지 얼마 안 되었을 때, 가족 모임 자리에서 친척 한 분이 나에게 물었다. 내가 곧바로 대답하지 못하고 머뭇거리자, 그분의 남편이 대신 대답을 해주었다.

"아이, 월급 천만 원씩은 받을 텐데 당신이 무슨 걱정이야?"

사람들은 청와대 근무하는 직원들은 월급을 얼마나 받는지 궁금해할 것 같다. 나도 그랬으니까……

천만 원씩은 받지 않을까 하는 '망상'은 첫 달에 바로 깨졌다. 3급 행정관의 초봉은 수당을 다 합쳐도 그 절반에도 못 미쳤다. 청와대 공무원의 월급은 궁금해할 필요도 없다. 공개된 공무원 봉급표에 나온 만큼 받는다. 그리고 여기에 성과급과 직급 수당 등 각종 명목의 수당이 더해지는데, 공무원들의 수당이 좀 다양하기는 하다. 직업 공무원을 안 해봐서 정확히는 알 수 없지만, 청와대 직원이라고 특별히 더 주는 것은 없고 부처 소속 공무원과 별다른 차이가 없다고 들었다. 게다가 일반직 공무원은 공무원 연금을 받지만, 별정직 공무원은 근무 연수가 짧아 공무원 연금 대상도 아니다.

변호사 생활을 하다가 첫해 공무원 급여를 받았을 때는 생활이 좀 어려웠다. 돈을 많이 버는 변호사는 아니었지만 그래도 생활을 걱정할 정도는 아니었는데, 공직 첫해에는 공무원 급여에서 직급보다 더 중요한 호봉이 낮았고, 1년을 근무한 후에나 전년도 업무를 평가하여 지급되는 성과급도 없다보니, 큰 금액은 아니지만 은행 빚이 생길 정도였다.

마침 아내도 육아휴직 중이라 아이 둘 키우며 고정비용을 줄이지 못해 지출이 수입을 초과한 것이었다. 연차가 지나 호봉, 성과급을 받고 선임행정관, 비서관으로 승진해서야 겨우 지출 초과를 면했다. 늘공들의 이야기를 들어보니 공무원 승진 과정 중에서 3급에서 2급으로 오를 때 급여 인상 비율이 가장 높다고 했다.

심지어 군인, 경찰 등 늘공의 경우에도 일부 기관은 청와대에 들어와서 수당 등이 줄어 실질 급여가 줄어드는 일이 있었다. 실제로 국가안보실 군인들 중에는 청와대에서 영관급 장교에 대한 대우를 본소속 부대에 있을 때보다 한 단계 낮게 인정하는 바람에 급여가 많이 줄었다고 나에게 민원을 제기한 사람도 있었다. 대령은 외부에서는 3급으로 예우받는데 청와대에서는 4급 대우를 하니 부당하다는 취지였으나, 내가 해결할 업무는 아니어서 담당 비서관실로 이첩했던 기억이 있다.

과거 정부에서는 예산 사용의 증빙이 필요 없는 특수 목적 자금이 많은 국정원으로부터 현금을 전달받아 이중 일부를 비서관, 행정관, 행정 요원들에게 나누어주었다고 한다. 그 일로 박근혜 정부의 국정원 간부들과 청와대 인사들도 재판을 받았으니, 문재인 정부 청와대에서는 불가능한 일이었다.

과거 정부에서부터 청와대에 근무해온 어느 늘공 행정 요원은 문재인 정부가 들어선 후 비서관이 봉투를 건네주기에, '아 이게 바로 예전의 그거구나!' 하고 설레는 마음으로 열어봤다가, 비서관의 업무용 택시 영수증이 들어 있어서 급격히 실망했다는 이야기를 하기도 했다.

개혁의 여파로, 청소나 운전을 담당한 기능직·공무직 직원들도 덩달아서 실질 급여가 줄어 불만이 좀 있다는 말도 들렸다. 개혁의 효과가 나의 소득 감소로 돌아올 때는, 겉으로 표현 못하더라도 누구도 개혁을 반기지 않게 된다. 그래도 그게 옳은 방향이라면, 속으로 불만스럽고 개인적으로 안타까운 부분이 있더라도 제도적으로 그렇게 가야 한다. 그렇게 청와대도 조금씩 더 투명해져가는 것이다.

다만 그런 개인적인 불편함과 불만을 어떤 방식으로든 적절히 보듬지 못하고 무시하기만 하면, 결국은 민심을 잃고 개혁이니 혁명이니 하는 것들도 성공하지 못하는 게 아닌가 싶다. 참 어려운 일이다.

경제적인 면에서만 본다면, 변호사로서 가장 왕성하게 경제 활동을 할 시기에 청와대, 그중에서도 공직기강비서관실에 근무해 외부인을 만나 교류할 수 없게 되었던 것은 득보다는 손해가 큰 일이었다.

그래도 과거로 돌아가 다시 하겠느냐고 묻는다면 당연히 주저하지 않고 다시 할 것이다. 누구나 마찬가지일 것이다. 그만큼 영광스럽고 귀중한 경험이었다. 마음으로 존경할 만한 좋은 대통령을 모시고 나라의 훌륭한 인재들과 함께 대한민국의 국정을 보좌했으니 무엇으로도 바꿀 수 없는 귀중한 시간이었다.

✦

이런 우연이!

✦

✦

사람의 인연이란 참 희한하다. 한번은 가족들과 해외여행을 하던 중 집 앞 단골 김밥집 아주머니를 만난 적이 있는데, 청와대에 근무하면서도 정말 우연히 의외의 사람들을 다시 만나는 경우가 많았다.

　가장 반가운 인연은 정부 부처에서 파견된 행정고시 출신의 과장이었는데, 행정관 전입 인사를 위해 후보자 검증 서류를 확인하다보니 이름이 매우 익숙했다. 경력과 세평을 읽어보니 모범생 그 자체, 성격도 내가 알던 바로 그 친구였다. 고등학교 같은 반 친구였고, 심지어 짝꿍이었다. 내가 다닌 고등학교로 말할 것 같으면, 지금은 좋은 학교가 되었지만 내가 다닐 때까지만 해도 자랑하기 쉽지 않은 학교였다. 학교에 배정된 친구들과 부모님들이 많이 울었던……

학교 동창회에도 한 번도 나오지 않아 30년 가까이 얼굴한 번 본 적 없고, 연락 한 번 한 적 없는 사이였다. 모르는 사람이 보면 민정수석실 어공이 친한 늘공을 청와대로 이끌어왔다고 오해할 만한 우연이었다.

또 한 명은 대학교 시절 몇 개월 정도 같은 방을 사용했던, 인근 대학에 다니던 후배였다. 그 친구 역시 30년 가까이 전혀 교류가 없었던 사이였다. 행정고시에 합격해 지방에서 근무하다 국가안보실에 파견되었다고 했다. 유능한 직업 공무원들은 공직 생활 중에 한번씩 청와대를 거쳐간다고 들었지만, 내가 어공으로 청와대에 있을 때 만나니 너무 반가웠다.

요즘 가장 잘나간다는 모 강사와의 우연한 만남도 반가웠다. 국가안보실에 근무하던 시기에 청와대 직원들을 대상으로 교양 강좌가 있다고 해서 내용을 살펴보니 이름이 익숙했다. 젊은 시절 농촌 봉사 활동을 같이했던 추억도 있는 친구였다. 함께 알던 한 무리의 친구들과도 연락이 끊어져 많이들 소식을 궁금해하던 차에, 강의가 끝나고 찾아가 얼싸안고 반가움을 나누었다. 이후 그가 경호처 초청으로 또다시 강의를 하러 왔을 때 청와대 구내식당으로 안내해 식사했는데, 마침 대통령이 구내식당에서 식사를 하는 날이었다. 특별히 정치색이 있는 친구는 아니었는데, 대통령이 이런 허름한 곳에서 직원들과 함께 간소한 국수로 식사를 하신다면서 놀라워했다.

반갑고 좋은 우연만 있었던 것은 아니다. 우연에 우연이 겹치면서 오해를 살 만한 일도 있었다. 뭐라 해명하기도 어렵고 정말 자칫하면 무슨 잘못이라도 저지른 것처럼 엮여버릴 수도 있는 그런 일도 있었는데, 희박한 확률의 복권도 누군가 당첨되는 사람이 있듯이 어떤 극히 미약한 확률의 일도 누군가에게는 실제로 발생하는 것이다.

정치권 언저리에서 활동하는 사람들은 활동 범위가 비슷해 돌고 돌아 만나는 경우가 더러 있다지만, 나는 유독 전혀 다른 분야에서 활동하던 지인들을 청와대에서 우연히 만나는 일이 많이 있었다.

어디서나 사람을 귀하게 여기고 조심하고 삼가며 살아야 한다. 대한민국, 참 좁다.

대통령님은 자주 뵙지요?

✦

가끔 나이 드신 부모님이나 어린 자녀들이 대통령님에게 안부를 전해달라거나 감사 인사를 전해달라고 하면, 네 하고 대답하고 만다. 그분들에게는 달리 설명할 방법이 없기 때문이다.

청와대에 근무하는 사람들은 대통령을 얼마나 자주 볼까? 사람들은 청와대 비서관, 행정관 정도면 대통령을 자주 만나는 줄 알지만 실상은 그렇지 않다. 워낙 격의 없이 소탈하게 직원들을 대하고 직원 식당도 허물없이 이용하는 문재인 대통령이었지만, 그럼에도 불구하고 일반 직원들이 대통령을 직접 뵙는 일은 그리 흔하지 않은 일이었다.

식사를 하거나 산책을 하거나 또는 이동 시에 동선이 겹쳐 스쳐 지나가는 경우는 더러 있을 수 있지만, 행정관 이하 일반 직원이 대통령을 직접 대면해 말씀을 나눌 기회는 거의 없다고 보면 된다.

수석급 이상의 간부들이나 업무상 수행을 담당하는 부속실, 의전비서관실 정도가 대통령을 자주 만나는 사람들이고, 비서관들도 특별히 보고할 사안이 없으면 대통령을 일상적으로 자주 볼 수는 없다. 특히 코로나 이후로는 각종 정례 회의의 배석 인원도 최소화되어 더 뵙기 어려웠다.

과거에 어떤 초임 사무관이 자기 부서 장·차관이 대통령께 보고하는 일이 왜 그렇게 힘들어야 하느냐고 유튜브에 하소연한 적이 있다. 장·차관이 자유롭게 대통령을 만나고 소통하며 보고할 수 있어야 한다는 생각 자체는 옳은 것이었으나, 실상은 현실을 모르고 소속 부처의 시각에서만 생각한 초급 간부의 시야일 뿐이다.

물론 장·차관이 대통령 보고를 할 수 있는 국무회의 등 공식 회의는 매주 열린다. 수석급 이상이 참석하는 청와대 내부 회의도 매일 열린다.

하지만 특정 부처 또는 특정 비서관이 단독으로 대통령을 만나 보고하는 일은 특별한 경우에만 가능하다. 정부 장·차관급 직위만 해도 400명을 훨씬 넘어선다. 아주 단순한 계산으로 하루에 한 사람씩 만나도 1년에 한 번 대통령을 만날 수 있을까 말까 한 숫자이다. 거기에 외교 사절, 민간 단체 등까지 더하면 장관급이라 해도 공식 회의 이외에 단독으로 대통령을 만난다는 것은 생각처럼 그리 쉬운 일이 아니라는 것을 이해할 수 있다. 물리적인 한계이다.

이런 상황에서 청와대 비서관, 행정관이 대통령을 일상적으로 볼 수는 없는 노릇이다. 어쩌면 텔레비전 화면을 통해 보는 일이 더 많을 것이다. 사기업의 경우에도 웬만한 중견급 이상의 회사에서 임·직원들이 최고 경영자를 자주 독대할 수 없는 것은 당연한 일이다.

과거 노무현 대통령은 청와대 경내에 쌓인 눈을 치우던 직원을 즉석에서 불러 함께 사진을 찍은 일화도 있다고 한다. 청소를 하던 직원들은 대통령이 보이면 가급적 자리를 피하거나 심지어 나무 뒤로 숨는 일도 있었다는데, 노무현 대통령은 즉석에서 그들을 불러 함께 사진을 찍고 그 사진을 그 부모님들께 보내주도록 했다고 한다. 참 소탈한 분이었다.

권력의 핵심, 문고리

박근혜 정부 당시 문고리 3인방이 언론에 회자되곤 했었다. 권력이란 때로는 법규에 정해진 직급대로 규정되는 것이 아니라, 권력자와의 거리에서 나온다. 아무리 시스템으로 정해놓으려 해도 사람의 속성상, 정해진 시스템대로만 굴러가지 않는 것도 있다.

학연, 지연보다 함께 담배를 피우는 '끽연'이 중하다고도 하지만, 더 중요한 것은 업연이다. 같이 업무를 해본 경험, 특히 힘든 일을 같이해본 경험은 그 사람을 신뢰하고 힘을 실어주는 계기가 된다.

간부들은 업연이 있는 사람을 보좌관으로 임명하는 경우가 많지만, 전혀 모르는 사람이 보좌관으로 임명되는 경우도 적지 않다. 청와대는 수석이 새로 부임하더라도 기존의 수석실 보좌관이 보필하고, 새로운 수석이 원하는 보좌관을 마음대로 새로 데려오기는 쉽지 않은 구조이다. 물론 전면 교체되는 경우도 없지는 않지만, 어쨌든 공무원 조직이기 때문에 보직 이동이나 퇴직 절차를 거치려면 상당한 시간이 걸린다.

문고리는 그야말로 권력의 문앞을 지키고 있으니 권력과 물리적인 거리가 가장 가까운 사람이라고 하는 게 맞지 싶다. 직급이 높지 않더라도 이른바 '게이트 키핑'이 가능한 자리가 문고리이다. 일반 회사에서도 대표이사 비서실의 힘이 센 것과 같은 이치이다.

대통령과의 물리적인 거리는 넓게 보면 정부 부처의 장·차관보다는 대통령비서실의 수석이나 비서관이 더 가깝고, 좁게 보면 청와대 내 여러 비서관실이나 수석실 중에서는 부속실이 가장 가까울 것이다. 조금 더 좁혀서 수석실로 한정해보면, 수석과의 물리적인 거리는 비서관보다 수석실의 보좌관이 더 가까운 문고리 권력에 해당할 듯하다.

제1부속실은 대통령을 보좌하고 제2부속실은 영부인을

보좌한다. 대통령에게 보고되는 모든 사항은 원칙적으로 부속실을 거쳐가야 하니, 청와대에서는 제1부속실이 공식적인 문고리일 것이다. 이런 공식적인 문고리는 정상적인 업무 시스템이고, 그 자체로 부정적으로 언급될 이유는 없다.

문제가 있는 부정적인 문고리는 정해진 시스템에 의한 보고 체계를 가로막는 문고리이다. 자신의 업무 영역이나 권한이 아닌데 중간에 끼어들어 보고를 못하게 하거나 왜곡된 보고를 하거나, 아니면 보고의 순서를 바꾸는 것 등이 대표적으로 잘못된 문고리 권력이라고 할 수 있을 것이다. 이른바 비선실세.

문재인 정부에서 비정상적인 문고리는 없었을까?

잘 모르겠다. 국민들에게는 떠오르는 사람이 있을지도 모르지만……. 때로는 소위 실세들 사이에서 보이지 않는 알력 다툼이나 노골적으로 얼굴 붉히는 일이 있었던 것도 사실이다. 하지만 내가 경험한 바로는 대통령과의 크고 작은 인연으로 친한 사람이 있었을지는 몰라도, 정상적인 보고 체계를 가로막는 그런 잘못된 문고리 권력은 없었다. 철저히 시스템으로 운영되는 정부였다.

수석실이나 실장실의 보좌관 역할을 맡고 있는 행정관들을 우리끼리 놀리느라 '문고리 권력'이라고 지탄하는 일 정도만 간혹 있었을 뿐이다. 대통령 스스로가 언제나 사적인 인연보다 공적 시스템을 우선하는 분이었으니 가능한 일이었을 것이다.

청와대 삼락

작명에 재주가 있었던 모 비서관은 청와대에 근무하는 세 가지 기쁨을 청와대 삼락三樂이라고 칭했다.

첫째, 좋은 자연환경에서 날마다 산책할 수 있다는 기쁨이다. 흡사 잘 가꾸어진 수목원에서 근무하는 것과 같은 느낌은 많은 긴장과 스트레스를 해소해주었다. 식물이라고는 장미꽃 정도만 알던 나도 청와대에서 근무하면서 많은 들풀과 꽃들의 이름을 알게 되었다.

'청와대에 심긴 역대 대통령의 식재를 다 찾아내면 퇴직할 때가 된 것'이라는 말도 있어서 열심히 찾아보기도 했다. 이제는 국민들도 청와대의 자연을 누릴 수 있게 되었지만, 사실 문재인 정부에서도 청와대는 애당초 개방되어 있었다. 예약 인원만 한정되어 있었을 뿐, 지금과 다를 것이 없었다. 오히려 대통령이 근무하는 동안 민간인들이 경내를 관람할 수 있었던 것이고, 운이 좋으면 관람객들과 대통령이 만나는 경우도 있었다.

두 번째, 맛있는 식당이다. 구내식당은 비좁았고 음식이 화려하지는 않았지만, 매끼 질리지 않는 집밥 같은 맛있는 음식이 나왔다. 아침엔 빵과 한식 중 선택해서 먹을 수 있었다. 좋은 재료로 정갈하게 정성껏 조리한다는 느낌이 들었다. 식비도 매우 저렴하고 야근할 때는 저녁이 무료였다. 그래서 청와대에 처음 근무하는 사람들은 보통 몇 개월 후 체중이 느는 편이었다. 좋은 음식을 마련해주셨던 식당 직원분들에게 매우 감사드린다. 새 정부가 용산으로 이전한다는 말이 나왔을 때 그분들은 어떻게 되는지 걱정되어 물었더니 용산으로 같이 간다고 해서 다행이라 생각했다.

세 번째는 이발소다. 경호처 건물에 있었는데, 이발비가 일반 미용실의 반의 반도 안 되는 가격이었다. 코로나 이전에는 면도 후 얼굴에 마사지 팩도 붙여주었다. 다만 경호처 직원들 머리 스타일로 깎아, 공장에서 찍어낸 깎두기 모양이라고 이용하지 않는 직원들도 많았다. 하지만 나는 저렴한 청와대 구내 이발소를 방문하는 게 매우 즐거웠다.

처음 이발소에 방문했을 때 이발 후 의자를 뒤로 눕히고 마사지 팩을 하다 깜박 잠이 들었는데, 나는 15분쯤 지나면 깨워준다기에 그런 줄 알고 누워 있다 아무도 깨워주지 않는 바람에 한 시간 넘게 자고 일어나 헐레벌떡 사무실로 뛰어간 일이 있다. 사이버안보비서관실의 장난기 가득한 신고식이었다.

퇴직한 후 동네 이발소에 처음 가서 요금을 지불할 때 비로소 '아, 이제는 저렴한 가격에 머리를 자를 수 있는 청와대 직원이 아니구나' 하는 '현타'가 오기도 했다.

비단 세 가지뿐이겠는가. 좋은 대통령을 모시고 좋은 사람들과 한 시기 국가 운영을 함께했다는 것은 말로 할 수 없는 영광이었다. 최근에 '최고의 복지는 사람이다'라는 말을 들은 적이 있는데, 딱 맞는 말이다. 뜻이 맞는 좋은 성품의 사람들과 함께 일하는 것이 가장 좋은 복지이다.

청와대 기념품 사기

청와대 기념품은 그 마크만으로도 특별하다.

집안에 청와대 기념품을 포장지까지 진열해놓고 마치 권력 실세와 친한 것처럼 행동하며 사기를 치던 사람이 있었다. 어떤 언론은 그걸 그대로 받아 청와대가 사기꾼과 무슨 긴밀한 관계라도 있는 양 큼직한 사진을 게시하기도 했다.

하지만 청와대 기념품은 직원뿐만 아니라 여민관을 방문하는 사람들은 누구나 매점에서 살 수 있었다. 시설물 공사를 하러 외부에서 들어오는 분들도 구매할 수 있었다.

여민 2관 1층에는 두 평 남짓한 작은 매점이 있었는데, 직원과 방문객은 이곳에서 개인적으로 기념품을 살 수 있었고, 택배로 외부에 배달도 할 수 있었다. 청와대 본관 마크가 새겨진 시계, 커피잔, 술 등이 주된 품목이었다. 종류가 많거나 비싼 것은 없었으나 모임 자리에 갈 때 술병이나 볼펜이라도 한 자루씩 사서 가면 선물받는 사람들이 매우 좋아했다.

대통령 공식 기념품에는 청와대 본관 마크가 아닌 봉황무늬가 새겨져 있다. 봉황무늬는 국가 휘장이기 때문에 영리 목적으로는 사용할 수 없고, 매점에서도 팔지 않는다. 권력층과 인연이 깊다는 것을 내세우며 제대로 된 사기를 치려면 청와대 마크가 아닌 봉황무늬가 새겨진 기념품 정도는 가지고 있어야 할 것이다. 봉황무늬가 새겨진 대통령 기념품, 특히 문재인 손목시계 같은 경우에는 과거 정부에 비해 수량이 매우 한정되고 까다롭게 배부되었기 때문에 국회의원들의 불만도 많았다.

명절이 되면 대통령 내외의 선물이 각계각층으로 전달되는데, 이것도 대통령 명의로 전달되는 것과 내부 직원 판매용은 엄연히 다르다. 사회 지도층이나 단체, 배려 계층에 대통령 명의로 공식 전달되는 선물이 있고, 내용물은 동일하지만 직원들이 자비로 살 수 있는 명절 선물이 있는데, 직원 1인당 한

정된 수량만을 살 수 있었다.

한번은 명절 선물에 포함된 땅콩에서 곰팡이가 핀 일이 있었다. 생물인 땅콩을 제대로 건조하지 않으면 유통 과정에서 곰팡이가 생길 수 있다고 한다. 청와대 공식 명절 선물에 곰팡이가 생겼으니 담당 직원과 비서관실은 매우 곤혹스러웠을 것이다. 땅콩 사건 이후로는 담당자가 안전 제일이라고 생각했는지 전국 각지의 쌀을 선정하기도 해 불만스러워하는 사람들도 좀 있었다.

청와대 기념품을 팔던 매점은 대통령 집무실의 용산 이전 이후까지 계약 기간이 남아 있었는데, 주인이 걱정이 많았다. 정부 말에는 기념품이 불티나게 팔려서 한참씩 줄을 서서 구매해야 할 정도였지만, 그래도 재고를 다 팔지 못해 손해가 클 것이라고 했다. 퇴직 전에 매점 주인에게 물어보니 아무런 대책도 없다고 했다. 나중에 보니, 결국 매점이 청와대 이전으로 큰 손해를 입게 되었다는 언론 기사까지 나왔다.

변호사로서, 어떻게 해결되었는지 궁금하다. 보상을 안 해줄 수 없었을 텐데, 이것도 불필요한 국고 낭비 아닐까.

청와대 특별보좌관도 사기

'청와대' 특별보좌관이라는 직책을 가진 사람이 여럿 있었다. 청와대 마크가 찍힌 그럴듯한 명함을 가지고 다니면서 위세를 부리고, 심지어 무슨 지역 개발 민원을 받아 다니기도 한다. 직위를 사칭하는 사람들이다.

그 수가 꽤 많았다. 내가 근무하는 동안에도 상습적으로 직위를 사칭하는 사람이 몇 명 있었고, 그 외에도 단발성으로 접수된 것만 여러 건이 있었다. 정식 직원이 보기에는 공식적으로 배부되는 명함이 아니고 직책 자체도 이상한 것을 금방 알 수 있지만, 청와대 상징인 본관 마크에 770으로 시작하는 전화번호까지 그럴듯하게 제작하니 일반인들은 속아 넘어가기 십상이다.

이런 정보가 들어오면 담당 비서관실로 넘겨주고 그곳에서 다시 경찰 등 수사기관으로 내용을 넘긴다. 하지만 이런 사람을 처벌하는 것은 생각처럼 쉽지 않다. 대개는 경찰에서 주의 경고를 하거나 경범죄로 처리한다.

형법상 공무원자격사칭죄가 있지만, 죄가 성립하려면 실제로 자격을 사칭하는 것만으로는 부족하고 그 공무원 지위에서 나오는 직권을 행사해야 한다. 그런데 '대통령' 특별보좌관도 아닌 '청와대' 특별보좌관, '대통령비서실' 특별보좌관 등의 지위 자체가 존재하지 않을 뿐만 아니라, 존재하지도 않는 그 지위가 가진 직권이 무엇인지도 알 수 없기 때문에 처벌이 어려운 것이다.

물론 공식적이든 비공식적이든 그런 명칭이 갖는 위압감이나 권위가 있으므로 이런 방식으로 다른 사람을 속여 어떤 재산상의 이익을 취득했다면 별도로 사기죄로 처벌하는 것은 가능하겠지만, 단순히 사칭만 하는 경우에는 형벌로 처벌하는 것이 불가능하다. 잘해야 경범죄처벌법상의 '관명사칭죄' 정도에 해당해 벌금 몇만 원을 내는 수준이다.

문재인 정부 초기, 청와대에서 어느 소상공인의 개업식에 화환을 보냈다고 온라인에서 화제가 된 적이 있었다. 알고 보니 대통령비서실 소속 직원이 아닌 사람이 자신의 가족이 운영하는 사업체 개업식에 보낸 화환에 '청와대 비서실'이라고 적어 보낸 것이었다.

청와대에서는 영리 업체의 개업식에 화환을 보내지 않는다. 더구나 '청와대'라는 명칭은 상징적 명칭일 뿐 공식적 명칭이 아니다. 직원 개인이 영리 행위와 상관없는 장례식장이나 결혼식장 등에 사적으로 화환을 보내는 경우에도 '대통령비서실 비서관 김 아무개' 식으로 직위를 정확히 기재하여 보내야 하고, 그마저도 경우가 잦으면 지적 대상이 되었다.

어디서 그렇게 정보를 얻는지, 청와대 이름이 들어간 화환이라도 어딘가에 진열되어 있으면, 얼마 지나지 않아 이를 찍은 사진이 정보관을 통해 올라오곤 했다. 정치권에서 온 어공들이 자신을 홍보하려는 목적으로 남발할 때는 엄격히 자제시켜야 했는데, 대개는 수긍하고 조심하겠다고 하지만 왜 사적인 경조사에 화환을 보내는 행위까지 금지하느냐고 반발하는 경우도 더러 있었다. 공무원 행동 강령상 공무원은 사적인 이익을 위해 소속 기관의 명칭이나 직위를 이용하는 것이 금지되어 있다.

　윤석열 정부 대통령실에서는 어떤 수석이 봉황무늬를 새긴 자기 명의의 축하 깃발을 만들어서 지역 행사장에 전시하고도, 이를 지적한 언론에 아무 문제가 없다고 답했다고 한다.

　멋지다. 청와대 권력을 그렇게 활용하다니.

7장

검 찰 의 　 나 라

✦

공익의 대표자

✦

✦

검사는 영어로 프로시큐터Prosecutor라고 한다. 검사들이 "이 프로", "김 프로" 하고 부르는 것도 영어 단어의 앞부분을 따서 말하는 것이다. 처음에 나는 검사들이 하도 골프를 많이 쳐서 프로 골퍼를 부르듯이 그렇게 부르는 줄 알았다.

프로시큐터는 '기소하는 사람'이라는 뜻이다. 즉 수사권이 검찰 제도의 본질은 아니라는 말이다. 검찰 제도가 시작된 대륙법계 국가에서는 검찰이 수사권과 기소권을 동시에 갖는 경우가 많지만, 그것이 마치 검찰 제도의 필수불가결한 본질인 양 말하는 것은 옳지 않다. 헌법재판소도 수사권의 분장은 헌법 사항이 아니라 국회에서 법률로 정하는 입법 사항이라고 명확히 확인해주고 있다.

소위 진보 정부는 왜 그리도 검찰의 공격을 많이 받을까? 보수 정부보다 더 부패해서 그런 것일까? 아니면 검사 출신의 민정수석이 인사권을 강력하게 휘두르면서 검찰을 장악하고 사건에 개입하는 행위를 하지 않아서, 또는 하지 못해서 그런 것일까? 어차피 정치권력을 감시해야 하는 검찰의 숙명 때문에 그렇다고 하기에는 너무 치우친 감이 있다.

우리나라 검찰 조직은 매우 강력하고 그로 인해 긍정적인 면도 크지만, 그 형태가 매우 기이한 것도 사실이다. 준사법 기관이라는 지위는 사건 처리의 독립성을 보장하기 위한 것이고, 본질은 행정부 소속의 법무부 외청임이 분명한데, 강력한 수사권·기소독점권 이외에 독자적인 인사권까지 요구하며 사법부와 동일한 지위를 가지려 한다.

지방검찰청, 고등검찰청, 대검찰청으로 이루어진 조직도 3심제의 사법부를 연상시키지만, 사실은 사법부와는 전혀 다른 시스템이다. 고등법원은 지방법원보다 비교적 경륜 있는 법관들이 있기 마련이지만, 고등검찰청은 직접 수사하지 않고 항고 사건만 처리하는 한직으로 여겨져 대체로 좌천 코스 또는 휴식 코스에 가깝다. 대법원은 고등법원에서 올라온 사건들을 심리하지만, 대검찰청은 지방검찰청이나 고등검찰청에서 올라온 사건을 처리하는 것이 아니라 직접 주요 사건을 수사한다. 직접 수사를 담당하지 않는 경찰청 본청과도 다른 구조이다.

21대 국회에서는 검찰의 수사권을 경제 범죄와 부패 범죄 등으로 축소하되, 그 전제로 경찰 권력의 비대화를 견제하기 위해 자치경찰제도를 도입하고 국가수사본부를 만들어놓았다. 그런데 정부가 바뀐 후 대통령령을 통해 다시 '검수원복'한다는 것도 매우 이상한 일이다. 검찰의 논리대로 법을 해석하고 시행령을 만든다면 돈이 개입되어 있는 모든 범죄는 '경제 범죄'로, 직무가 관련된 모든 범죄는 '부패 범죄'로 포섭되어 수사권의 범위에 전혀 제한이 없게 된다.

나도 젊은 시절에는 잠시나마 검사가 될 것을 희망한 적이 있었다. 사법연수원에서 공부를 그리 잘하지 못하여 이룰 수 없었지만, 사법연수원에 입소할 당시 면접관과의 문답은 아직도 생생하다.

면접관: 왜 검사가 되고 싶은가?

나: 사회 정의를 실현하는 가장 직접적인 역할이라고 생각합니다.

면접관: 검사가 정말 정의를 실현한다고 생각하나?

그 면접관이 왜 그렇게 냉소적이었는지, 변호사 생활을 시작한 지 얼마 되지 않아 조금은 깨달을 수 있었지만, 그 조소의 느낌이 얼마나 강했던지 20년 가까이 지난 지금까지도 잊히지 않는다.

앞에 잠깐 언급했지만, 초임 변호사 시절 내가 모시던 K 변호사님은 검사 출신이었다. 사법연수원을 수석으로 수료했는데도 학생운동 경력으로 지방으로 발령 났고, 서울에서 거물 정치인을 구속했더니 고검으로 좌천되더란다. 그랬던 그분과 영장 실질 심사 재판에 참여했을 때의 일이다.

그분은 피고인을 변호하는 대신 검찰 수사 과정에서의 잘못을 장시간에 걸쳐 공격했고, 담당 검사는 더 이상 못 참겠다는 듯 격앙된 목소리로 외쳤다.

검사: 신성한 법정에서 공익의 대표자인 검사를 이렇게 모

욕해도 되는 것입니까?

결기가 대단했다. 사용하는 용어 자체가 매우 문어체적이었다. 요즘 표현으로 하자면 '궁서체'라고 할까? "신성한 법정", "공익의 대표자", 드라마에서나 혹은 문어체로나 사용하는 용어이지 법정에서 구어체로는 좀처럼 사용하지 않는 표현이었다.

잠시 무거운 공기가 법정을 감싸고, 판사님도 긴장하는 듯했다. 나도 좌불안석 난감해하던 상황이었는데 K변호사님이 아주 가벼운 음성으로 답했다.

변호사 : 됩니다! 국민의 세금으로 녹을 먹는 검사들이 이따위 짓을 하고 있는데 모욕이라니요?

"됩니다!" 천연덕스럽기까지 한 K변호사님의 그 한마디에 젊은 여자 판사님도 나도 빵 터졌고, 웃음을 참느라 애써야 했다.

공익의 대표자? 정의의 수호자? 개개의 검사들의 역량과 사명감이 훌륭하다는 건 인정하지만, 그렇다고 검사들이 스스로 정의 그 자체라고 주장해서는 안 된다. 조직은 언제나 불완전하고, 특히 권력기관은 조직 자체의 생리를 벗어날 수 없다.

다만 민주사회에서는 불완전한 조직 어디에서도 스스로 완전한 정의임을 주장하지 못하도록 견제와 균형의 시스템을 추구할 뿐이다.

역지사지의 마음으로 검사의 입장이 되어보면 이해할 수 있는 부분도 있지만, 역시 아닌 건 아닌 거다. 모든 것에는 상대적인 것이 아니라 객관적인 사실이 존재한다. 대다수의 평범한 검사들은 지방을 전전하며 과중한 업무를 겸손하고 성실하게 처리하는 것도 사실이지만, 우리나라 검찰 권력은 매우 비대하고 수뇌부는 정치적이다. 그리고 검찰 출신 변호사들의 그 흔한 전관예우는 상명하복과 조직 문화에 익숙한 현직 검사들의 암묵적인, 아니 노골적인 배려가 아니면 있을 수 없는 일이다. 공익의 대표자와는 너무나 먼 이야기 아닌가?

사법연수원 교육을 받은 법률가의 태생적인 한계, 10여 년간 변호사 업무를 처리해본 경험으로, 나도 일정 부분 경찰보다는 법률가인 검찰을 더 신뢰하지만, 검찰이든 경찰이든 견제받지 않는 절대권력은 반드시 부패한다. 경찰은 조직이 큰 만큼 사고를 내는 사람도 많고 거친 현장 수사 전문가가 많기 때문에 검찰의 견제를 받고 있지만, 검찰은 어디에서도 견제를 받지 않는다.

검찰 권력이 정치권력과 자본 권력의 거대 범죄를 감시하는 것은 매우 중요하고 필요한 일이지만, 그 큰 역할에 맞는 책임까지 지고 있다고 생각하는 국민은 많지 않을 것이다.

털어서 안 나오면 가족을 턴다

조국, 함부로 언급하기 어려운 이름이다.

한국 현대사에서 이 이름만큼 영광과 치욕을 경험한 사람이 있을까?

나는 공직을 퇴임한 후 여러 사람을 만나면서, 보수 정치 성향을 가진 사람은 물론 진보 성향의 사람들 사이에서도, 문재인 대통령을 지지하는 사람들 사이에서도, 심지어 가족 내에서도 조국 장관에 대한 평가가 극단적으로 대비된다는 것을 알게 되었다. 그리고 꽤 많은 사람들은 여전히 조국 장관을 조롱하고 혐오한다는 것이 어찌할 수 없는 서글픈 민심의 현황이었다.

　이 책에서 그 이름을 언급해야 하나 고민했다. 이름을 언급하는 것만으로도 극단적인 편가르기가 시작될지도 모른다. 하지만 내가 현재 살면서 겪는 역사이니, 그리고 청와대 생활의 매우 중요한 부분이니 개인적인 기억과 소회를 담지 않을 수 없다.

　나는 내가 2017년 대선 승리 직후 청와대에 입직하지 못한 것이 조국 민정수석의 반대 때문이라고 알고 있었다. 나는 조국 수석을 개인적으로 알지 못했으나, 정권 초기에 자리가 한정된 청와대에 들어가고 싶어하는 사람이 매우 많을 터이니 어쩔 수 없다고 생각했다. 하지만 내심 서운한 마음은 남아 있었다. 아마 조국 수석의 입장에서는 행정관 한 명의 입직 여부 같은 것은 기억에도 없을 것이지만, 내가 조국 수석에 대해 호감을 가지고 있지는 않았다는 말이다. 그런데 나중에 알고 보니 나의 낙방과 조국 수석과는 아무런 관련도 없었다.

　국가안보실에서 반부패비서관실로 옮긴 후 회의 석상에서 조국 수석을 만났다. 나는 그가 대학교수 출신이라 다소 문약한 모범생 스타일일 것이라고 예상했다. 하지만 같이 업무하면서 겪은 그는 성품과 언변, 리더십이 외모 이상으로 뛰어났고, 좋은 리더였다. 단순히 외모로 대중적 인기를 얻은 것은 아니었다. 사람 자체가 괜찮아 보였다.

많은 사람들이 나에게 조국 수석 밑에서 일하느냐고 물었다. 자신 또는 지인이 조국 수석과 어떤 인연이 있었다고 전해주면 수석이 기뻐할 것이라고 하면서 작은 인연이라도 알리는 등 호감을 보였다. 조국 수석의 인기가 하늘을 찌르던 때였다.

나는 조국 수석과 함께 일한 기간이 몇 개월 되지 않아 중요한 업무를 보고한 적도 없고, 사적인 자리에서 인연을 맺은 일도 없기에 그를 잘 안다고 할 수는 없다.

하지만 우리 국민 누구나 조국에 대해 한 시간씩 열변을 토할 수 있는 것처럼, 나도 그 이상은 이야기할 수 있다. 이제는 공직을 떠났고, 조국 수석은 더 이상 떨어질 수 없는 나락으로 떨어졌으니 내 수준에서의 좁은 인식이나마 이야기하고 싶다.

검찰이, 윤석열 검찰총장이 조국 법무부 장관을 반대한 이유는 단순히 검찰 개혁에 대한 반감 때문이었을까? 나는 아니라고 생각한다. 그때까지 검찰 개혁이라고 진행된 일은 그리 많지 않았다. 윤석열 총장 자신도 검찰 개혁의 의지를 피력하고 총장이 된 상태였는데 조국 장관이 검찰 개혁을 준비하고 있다고 해서 그렇게까지 과도한 수사를 하지는 않았을 것이다. 윤석열 총장 휘하의 검찰이 본격적으로 시작되지도 않은 개혁에 대한 저항으로 법무부 장관과 가족을 그렇게 도륙하지는 않았을 것이다.

순진한 생각일지 몰라도 내 생각엔, 시작은 검찰의 순수한 직업적 정의감이었다. 단죄해야 할 권력형 비리라 생각하고 호기로운 정의감으로 칼을 뺐을 것이다. 그런데 목표로 삼았던 벨 것이 잡히지 않자 벨 것을 다시 찾아야 하는 상황, 이미 뺀 칼을 집어넣으면 자신이 죽는다고 생각되는 상황에 몰린 것이다. 소위 '별건 수사'라도 해서 그의 도덕성에 타격을 주지 않을 수 없는 상황을 스스로 만들어버린 것이다.

검찰은, 아니 윤석열 검찰총장은 당초 초기 범죄 첩보를 통해 조국 수석과 배우자가 내부 정보를 이용하여 사모펀드에 투자하고, 그 사모펀드가 투자한 기업들이 청와대의 영향력으로 이권을 얻어 사업 기회들을 얻어나간다고 예단했고, 그것은 중대한 권력형 비위이므로 법무부 장관으로 부적격하다고 판단했을 것이다.

나중에 기자들 사이에 떠돌던 조국 일가의 범죄 혐의에 관해 정리해놓은 그림을 본 적이 있다. 복잡한 범죄를 알기 쉽게 도표처럼 그려놓는 그림 말이다. 무슨 2차 전지 사업이니 펀드니 하는 부분과 청와대와의 연결 고리는 별다른 근거 없는 망상에 가까운 추측이었으나, 언론과 법원을 현혹하기에는 충분해 보였다.

검찰은 첩보로 떠도는 내용을 근거 삼아 그런 그림을 그려놓고 열심히 청와대와의 연결 고리를 찾으며 권력형 비리를 밝혀보려 한 것이지, 처음부터 사적인 감정을 가졌을 것이라고는 생각하지 않는다. 적어도 대한민국 검찰이 그러지는 않았을 것이다.

개인에 대해 이루어진 것으로는 사상 초유의 수많은 압수 수색이 진행되었고, 언론의 파상 공세 또한 진행되었다. 서초동 집회와 광화문 집회가 들불처럼 번져가면서 돌아올 수 없는 다리를 건넌 윤석열 사단은 예상했던 것과 달리 청와대와의 연결 고리가 발견되지 않고 사모펀드와 관련된 조국 수석의 권력형 비위가 확인되지 않자, 그의 가족에 대한 먼지 털기를 시작했다.

정상적인 국가권력이라면, 멈추었어야 한다. 조국 장관의 가족에게 잘못이 없다는 이야기가 아니다. 국가권력, 특히 사람의 신체의 자유를 다루는 수사 권력의 작동 방식을 말하는 것이다. 중대한 비위로 예상했던 사모펀드 관련 비리가 발견되지 않았으면 멈추었어야 했는데도 상황을 돌파하기 위해 별건 수사로 먼지 털기를 해서 일가족을 옥죄는 것은 아무리 생각해도 정당한 일이 아니다.

칼을 빼들고 무리하게 칼춤을 추었으니 죽이지 않으면 죽을 수밖에 없게 된 상황, 조국을 죽이지 못하면 가족이라도 죽여야 하는 상황을 만든 검찰의 그 냉혹하고 무모한 열정이 나는 잘못된 것이라고 생각한다. 거기서부터는 국가권력의 정의 실현을 위해서가 아니라 사감私感으로 움직인 것이다.

혹자는 가족에게 범죄 혐의가 있는데 수사하지 말아야 하느냐고 반문하지만, 이 세상에 털어서 먼지 안 나오는 사람 없다. 자신을 깨끗하게 관리하며 독야청청 살아온 사람이 있다고 하더라도 가족까지 탈탈 털어서 먼지가 안 나오는 사람은 있을 수 없다. 부모, 형제, 자녀들까지 탈탈 털고 털어 먼지를 태산 같은 바윗돌로 만들어 일가족을 단두대에 올려놓은 조국 일가에 대한 수사는 너무 과한 것이었다.

내가 사석에서 이런 생각을 말하자 어느 검사가 조국이

나쁜 것은 단순히 강남 좌파의 위선 때문이 아니라 가족을 버렸기 때문이라고 말했다. 조국이 죽지 않으니 조직이 그의 가족을 친 거 아니냐고, 자기가 안고 감옥에 가야지 가족을 감옥에 보내느냐고, 그래서 나쁜 것이라고 말했다.

그 검사만의 인식이었을까?

털어서 안 나오면 가족을 턴다. 가족이 털리는 게 싫으면 알아서 털려주어야 한다. 이게 정당한 국가권력의 작용인가?

프레임도 얼마나 그럴듯한가. "검찰은 법무부 장관이라 하더라도 살아 있는 정치권력을 강력하게 수사한다"라는 프레임을 열심히 확대 재생산한 광기 어린 언론은 조국과 그의 일가족을 위선과 불공정의 화신으로 만들어 대한민국 사회에서 몰살했다.

하지만 정치적 지향을 떠나서 냉정히 생각해보자. 조국 사건은 무소불위의 검찰 권력이 살아 있는 정치권력을 쥔 한 사람의 일가족을 냉혹하게 수사한 것에 불과하다. 정치권력의 '부패와 비리'를 수사한 것이 아니라 정치권력자의 가족을 탈탈 털어 개인적 문제를 수사한 것이다. 거기에 어떤 정치권력의 남용이나 비리가 있었는가? 그것은 정치권력의 남용이 아니라 수사권의 남용이었다. 누가 뭐라 해도 국가권력이 그렇게 행사되어서는 안 된다.

표창장 위조? 허위 인턴? 그것이 사실이라도 덮어줘야 한다거나 잘했다는 말이 아니다. 그것은 또 다른 문제다. 내 말은 왜 누구의 잘못은 중학생 자녀의 다이어리까지 탈탈 털어서 망신 주기가 되어야 하고, 누구의 잘못은 모르는 척 넘어가줘야 하느냐는 것이다. 사모펀드를 좀 안다던 그분은, 주가 조작 의혹은 좀 모르는 일이었나?

윤석열 대통령에게, 한동훈 장관을 비롯해 사법연수원을 수료한 판사, 검사, 변호사, 법률가들에게 묻고 싶다. 당신들은 사법연수원 다닐 때 변호사 실무 연수를 어떻게 했느냐고. 두세 번 변호사 사무실에 출근해 사건 기록 한두 건 검토하고 두 달짜리 출석 확인서 받아서 성적 받지 않았느냐고, 그것은 소위 허위 인턴 경력과 도대체 무엇이 다르냐고…….

타노스의 시간

조국 법무부 장관 사태의 한복판에 있던 민정수석실의 분위기는 밖에 알려진 상황과는 조금 달랐다. 나를 포함해 많은 행정관들은 검찰의 과도한 수사와 언론 플레이에 분개했지만, 비서관들과 수석들은 냉정했다. 비서관들과 후임 민정수석들은 어느 쪽으로도 치우친 의견을 표출하지 않았고, 특별히 조국 법무부 장관을 비호하지도 않았다.

행정관의 입장에서는 내심 서운했다. 비난의 십자포화를 맞고 있는 법무부 장관을 위해 민정수석실이 아무런 역할도 하지 않고 있는 것이 서운할 정도였다. 아니, 하지 못했는지도 모르겠다. 입시 부정이라는 명분 앞에서 분개한 민심은 거스를 수 없이 무서운 것이었다.

윤석열 검찰총장에 대한 징계안이 제출되었을 때도 마찬가지였다. 사람들은 조국 장관 사태 이후 민정수석실이 윤석열 검찰총장에 대한 징계를 조장하고 환영했다고 생각하기도 하지만 실제 내부 분위기는 그렇지 않았다.

검찰총장에 대한 징계 사태가 발생하자, 비서관들 사이에서 의견이 분분했다. 분명한 것은, 비서관들 수준에서는 환영의 분위기가 없었다. 국가기관인 법무부와 검찰의 계속된 마찰 자체가 국정 운영의 큰 부담이라는 사실은 분명했다. 냉정하고 객관적인 법률적 판단을 해야 했다. 민정수석실 내 법률가들 사이에서 징계의 정당성이나 결과에 대한 예측이 많이 나뉘었다.

징계 사유와 절차가 정당하다는 의견, 무리한 징계라는 의견, 징계 사유별로 다르다는 의견 등 비서관실로, 쟁점별로 의견이 다 달랐다. 예상되는 진행 프로세스와 결과 예측을 대통령에게 보고해야 했지만, 결국 하나의 의견으로 정리해서 보고하지 못하고 비서관실별로 각각 다른 의견을 보고한 것으로 알고 있다.

　세상이 떠들썩했던 검찰총장에 대한 징계와 그 직무 집행을 정지하는 처분에 대한 가처분의 인용 결과와 달리, 징계가 정당하다는 1심 판결의 결과는 찻잔 속 태풍으로 지나가고 말았다.

　윤석열 총장은 언제 대권을 꿈꾸게 되었을까?

　어떤 사람은 서울중앙지검장 혹은 검찰총장이 되었을 때라고 하고, 어떤 사람은 조국 장관을 쳤을 때라고, 어떤 사람은 추미애 장관 시절 징계를 받았을 때라고, 어떤 사람은 박범계 장관 시절 자신의 인사안이 좌절되었을 때라고 한다.

　모두 나름의 확인되지 않은 에피소드와 근거들이 있다. 술자리에서 "나라고 대통령 못하겠느냐"라고 했다거나, 서초동 집회를 보며 돌아올 수 없는 다리를 건넜다며 결심했다거나, 어찌 되었든 검찰총장의 임기는 마치려 했다거나 등의 갖은 풍설이 있으나, 무슨 의미가 있겠는가? 그는 다수 국민의 선택을 받아 대통령이 되었다.

　이제 윤석열 대통령의 시간이다. 5년간 대한민국을 이끌고 가야 한다. 대한민국은 절체절명의 위기에 서 있다. 처음부터 잘해야 한다.

윤석열 대통령이 정말 검찰 조직을 생각한다면, 법무부와 검찰 인사에서 손을 뗐어야 했다. 그 스스로가 검찰총장 출신이기에 법무부 장관도 측근이 아니라 중립적인 인물을 세웠어야 한다. 정말 국가를 생각한다면, 검찰을 생각한다면 그랬어야 한다.

그런데 그는 아무의 눈치도 보지 않는다. 오히려 너무도 노골적으로 보란 듯이 검사와 검찰 수사관들을 정부 기관과 공공 기관에까지 배치하고, 수사와는 전혀 관련이 없는 정책부서의 보좌관까지도 검사들을 등용하고 있다. 이제 검찰 수뇌부는 어떤 일에서도 정치 검찰이라는 선입견과 꼬리표를 뗄 수 없게 되었다. 역사의 퇴보이다.

과거에도 그러했지만, 이제 정말이지 검찰의 시간이다. 검찰은 문재인 정부에 대해 전방위적인 사정 정국을 펼치고 있다. 특별 수사는 기본적으로 부정한 돈의 흐름이 있어야 하는 건데 파도 파도 돈이 안 나오니, 일상적인 정책에 대해서도 형벌의 잣대를 세밀히 들이대며 언론 플레이부터 시작하고 있다. 그리고 그 끝은 문재인 대통령을 향하고 있다. 보수 언론과 협잡하여 노무현 대통령을 모욕하고 조롱하던 일을 다시 시작하고 있는 것이다.

검사들은 언론 플레이를 하는 이유에 대해, 그렇게 하지 않으면 살아 있는 권력자들의 수사를 추진할 동력을 이어갈 수 없다고 변명한다. 한편으로 일리가 있는 듯도 하지만, 실제로 진행되는 모습을 보면 전혀 그렇지 않다. 살아 있는 권력이 아닌 검찰이 싫어하는 권력을 망신 주고 모욕 주기 위해 빈약한 증거 가운데 대중이 현혹될 만한 것들을 흘려 원하는 방향으로 사건을 이끌어가기 위한 위법행위에 불과하다.

전기통신법을 끌어와 미네르바를 기소했던 그 법 기술자들이, 김학의 전 차관은 법적으로 범죄 혐의자가 아니고 야반도주하는 상태가 아니었다고 강변하는 그 투철한 적법절차의 사도들이, 피의사실공표죄는 형법에 규정된 명백한 범죄인데도 아무런 죄의식 없이 언론 플레이를 당연시 여긴다.

사건을 원하는 방향으로 이끌어가서는 안 된다. 그렇게 언론 플레이를 해놓으면 실체적 진실이 초기에 그려놓은 그림과 다르게 확인되더라도 후퇴할 수 없다. 별건에 별건을 털어서라도 타깃을 잡아넣는 방식으로 사건을 몰고 간다. 그것이 특별 수사, 기획 수사의 맹점이다. 그럼에도 불구하고 정의감이든, 출세에 눈이 멀었든, 권력욕이든 도무지 오류의 가능성을 인정하지 않는 그 무오류의 신념이 바로 견제받지 않는 무도한 절대 권력인 것이다.

문재인 정부의 대한민국에서 절대 권력은 청와대 권력이었나, 검찰 권력이었나? 윤석열 정부에서는 어떤가? 대통령 권력과 검찰 권력이 혼연일체된, 인피니티 스톤을 장착한 극강의 타노스는 아닐까? 절대 권력 타노스의 굴절된 정의감을 막아낼 어벤져스는 과연 있는 것일까?

검찰 공화국이 아닌 민주공화국 대한민국을 위해, 깨어 있는 시민의 조직된 힘이 다시 필요한 시간이다.

검찰을 두려워하지 않는 것은 '검찰 가족'뿐

✦

나는 한동훈 법무부 장관이 어떤 사람인지 잘 알지 못한다. 검찰 조직을 잘 모르기 때문에 큰 관심도 없고, 그에 대해 인사 검증을 한 적도 없기 때문에 언론에 나온 정도의 정보만 알고 있을 뿐이다.

보수 언론은 대통령의 배우자에 대한 미담뿐만 아니라 한 장관에 대해서도 많은 미담을 쏟아내고 있다. 법무부 장관을 그만둔 후에는 총선으로, 대선으로 나아갈 것이라는 것이 일반적인 예측이다.

소위 '황태자'이다.

그만큼 대한민국 사회에 중요한 영향력을 행사하게 된 그가 "할 일을 제대로 하는 검찰을 두려워하는 것은 범죄자뿐이다"라고 말한 것에 대해서는 나도 한마디 하고 싶다.

내가 새내기 법학도였다면 아마도 지극히 당연하고도 맞는 말이라고 생각했을 것 같다. 하지만 이 말은 "수사기관에 휴대전화 비밀번호를 숨기는 것은 범죄자밖에 없다"라는 말과 마찬가지로 옳은 말이 아니다.

공포 통치는 바로 이런 것들을 두고 하는 말이다. 히틀러의 나치도 법률로 유대인을 학살했다. 전두환이 입에 달고 다닌 말도 '법치 질서 확립'이다. 일상적인 사회생활을 하는 누구라도 범죄자로 만들 수 있고, 또 범죄자를 모른 척할 수 있는 것이 검찰이다. 범죄자를 재판에 넘길지 말지를 결정하는 기소 재량권은 법에 정해진 검사의 권한이지만 그 권한의 일탈 남용에 대해서는, 공무원들의 직무 범죄에 대해 전가의 보도처럼 사용되고 있는 '직권남용죄'를 적용한 사례가 없다. 지금 검찰이 청와대의 직권남용이라 몰고 있는 일들과 비교해보면, 검찰이 무리하게 기소한 사건에 무죄판결이 나면 기소한 검사도 직권남용으로 처벌해야 하는 일 아닌가?

운전하는 사람은 대부분 한번쯤 신호 위반, 주차 위반을 한다. 무사히 넘어가는 경우가 더 많겠지만 딱지를 떼는 경우도 있다. 운이 좋지 않아서, 준법 의식이 약해서 주차 위반을 했다면 주차 위반 딱지만 끊으면 된다. 누군가 모텔 앞에 불법주차를 했다고 해서 그 모텔에 왜 갔는지, 불륜은 아니었는지를 수사해서 만천하에 까발리는 것은 정당한 법 적용이 아니다. 우리나라 수사기관이, 검찰 수뇌부가 특정인에 대해 그렇게 하지 않았다고 자부할 수 있는가?

한동훈 장관은 엘리트 코스를 걸어온 검사라서 그렇게 말할 수 있을지 모르겠으나, 평범한 사람들은 검찰에서 전화가 오면 긴장부터 한다. 굳이 지은 죄가 없더라도 내가 무슨 잘못을 한 건 아닌가 자기 검열부터 한다. 하다못해 보이스피싱 사기범들도 첫마디부터 검찰이라고 사칭해 평범한 사람들의 정신을 살짝 흔들어놓고 사기를 치기 시작한다. 수사 권력이란 그렇게 무서운 것이다.

검사가 아니라 한 나라의 장관이라면, '일개' 법무부 장관이 아니라 '일국의' 법무부 장관이라면, "대한민국에서 검찰을 두려워하지 않는 것은 '검찰 가족'밖에 없다"라는 현실을 먼저

직시하는 것이 옳은 일일 것이다.

　　나는 법과대학 겸임 교수로 5년 넘게 강의했다. 윤 대통령의 배우자가 겸임 교수였다는 그 대학교에서.

　　겸임 교수가 뭐 그리 대단한 자리는 아니다. 대학교수라는 이름의 귀한 명예가 있기는 하지만, 학문적인 성과가 크지 않더라도 전문 직업을 가지고 있는 사람이 대학에서 실무와 관련된 전문 지식을 가르치는 자리에 불과하다. 학력이나 논문이 그리 큰 문제는 아닐 수도 있다는 말이다. 채용의 조건이 된 본질적 부분이 아니라면 사소한 허위 기재는 형사적인 범죄가 아니라고 넘어갈 수도 있는 일이다.

　　하지만 도대체 왜 누구는 대학교수 이력서에 허위 학력을 기재하고 잡문을 짜깁기하고 표절해 학위를 받아도 사소한 일처럼 넘어가고, 누구는 표창장 인턴 경력의 진위 문제로 거대한 입시 비리라고 처벌받아야 하는지 아직도 이해가 가지 않는다. 여기에 어떤 본질적인 차이가 있을까?

　　검찰의 가족이라는 것과 검찰 개혁 주장자의 가족이라는 차이 외에 어떤 차이가 있을까?

　　지금에야 양심 있는 대학교수들이 나서서 조금이나마 언

론 기사가 나오고 있지만, 나도 국민대학교의 겸임 교수였기 때문에 그 전부터 관심을 두고 소위 'yuji' 논문, 박사학위 논문을 구해서 읽어본 적이 있다. 이런 걸 논문이라고 할 수 있나? 표절 여부를 떠나서 어떻게 이런 수준의 글을 대학의 논문이라고 하지? 감수한 지도 교수는 이걸 읽어보기는 한 걸까? 내용은 둘째치고라도 그냥 주어, 목적어, 서술어가 맞지 않는 비문투성이의 문장을 어떻게 논문이라고 인정할 수 있는지 나는 도무지 모르겠다.

논문의 정확한 문장은 기억이 나지 않지만, 첫 도입부에서부터 'DMB, IP TV와 이브로 등 디지털 매체가 성장할 것이다'라는 취지의 문장이 있었는데, 나는 '이브로'가 무언지를 한참 생각하다가, '아, 와이브로의 띄어쓰기 편집이 잘못되었구나' 하고 생각했다. 그런데 글을 계속 읽어갈수록 주어와 서술어의 호응이 맞지 않는 문장들이 나왔고, 내용적인 면에서도 도무지 전문적인 글이라고 할 수 없는 수준이라, 제목의 'yuji' 표현까지 더해보면 이건 내용을 아는 사람이 쓴 게 아니고, 누군가 짜깁기한 글을 편집해놓고 읽어보지도 않은 것이라는 결론에 이르렀다. 누구라도 한글을 깨우친 사람이면 그렇게 이해할 것이다.

그 대학교수들이 조금의 양심이라도 있었다면 점술 사이트의 조악한 사업 관련 문서를 논문이라고 할 수는 없을 것이다. 표절 또는 짜깁기한 당사자는 그렇다 치고, 이걸 감수하고 검증하고도 문제없다는 이런 사람들이 학자이고 교수인 시대를 함께 산다는 것은 매우 부끄러운 일이다.

무슨 이슈마다 자신이 객관적인 양 논평하고 '개인 저널리즘'까지 만들어낼 정도로 문재인 정부를 비아냥거리던 평론가는 어째서 이 황당한 현상에 대해서는 그리도 날카로운 비판의 독설을 거둔 것일까? 심지어 친윤 스피커의 대표 주자라고 하는 모 변호사는 이걸 "대학 사회의 일반적인 수준"이라고까지 '커버'를 치고 있으니, 참 뭐라 말할 가치가 없는 희한한 세상 아니겠는가? 이런 사람이 평론가이고 변호사이고 교수라는 사실이 더 절망적인 사회 아니겠는가?

조국 장관의 일가에 대해 단군 이래 가장 많은 기사를 쏟아냈던 그 투철한 사명감으로 불타던 기자들은 정말 이 논문들을 읽어본 적이 없단 말인가?

우리는 흰 것을 검다고 아무렇지도 않게 이야기하던 지록위마의 시대를 겪은 일이 있다. 다시 그런 시대가 온 듯하다.

그 결말은 어떠할까?

'정권을 획득하면 이심전심으로, 대통령이 수사기관에 별도로 지시하지 않아도 그냥 알아서 정적 제거를 위한 수사를 한다'는 그런 천박한 인식으로 국가를 운영하다가는, 대통령이든 검찰이든 검찰의 가족이든 결국 민심의 철퇴를 맞을 것이다.

8장

청와대를 떠나오며

✦

안 나가면 안 되나?

✦

✦

정권이 바뀌면 청와대에서 일하는 사람들의 운명도 바뀐다. 정부 기관에서 파견되어온 늘공들은 본래의 소속 기관으로 복귀하는데, 평소였다면 승진하거나 요직으로 발령 나겠지만정부가 바뀐 경우에는 한직으로 밀려나거나 보직을 찾지 못해 대기 발령이 나는 경우도 허다하다. 청와대에 파견될 정도의 공무원이면 그 부처에서는 능력을 인정받는 사람들이다. 정권이 바뀌었다고 과도한 불이익을 받는 일은 없어야 하는데, 기관마다 정부마다 그 정도와 분위기에 차이가 많다.

늘공과 달리 어공인 별정직 공무원들은 졸지에 실업자가

된다. 말 그대로 '순장'되는 것이다. 정권이 유지될 경우에는 민간이든 공공 영역이든 퇴직한 어공들을 찾아주는 곳이 있어서 갈 곳이 많지만, 정권이 바뀐 경우에는 갈 곳이 많지 않다. 청와대 고위 공무원이었다가 졸지에 실업자가 되는 것이다.

교수나 전문직 출신들은 그래도 돌아갈 곳이 있지만, 정치권에서 온 자칭 '여의도 건달'들은 본인들이 나온 자리가 후배들로 채워져 있어서 다시 국회의원의 보좌관이나 정당의 사무 직원으로 돌아가는 일이 쉽지 않다고 한다. 그래도 건달들답게, 문재인 정부 청와대 공무원답게 어찌어찌 자존심 버리지 않고 당당히들 살아가는 듯하다.

정권이 바뀌어도 청와대에서 안 나가면 안 되나? 다소 엉뚱한 상상이지만, 의외로 이런 질문을 적지 않게 받았다.

아마도 어공이 스스로 퇴직하지 않을 경우에 법적으로는 강제로 퇴직시킬 수단이 많지 않은 듯하다. 법령상 장관 보좌관이나 별정직 지방공무원 같은 경우에는 장관이나 지방자치단체의 장과 함께 퇴직하도록 되어 있지만, 별정직 국가공무원은 그런 규정이 없어서 법적으로는 어공이 버티면 퇴임을 강제할 수는 없는 것이다. 강제로 퇴직시키는 파면, 해임이나 직권면직은 법적인 사유가 있어야 가능하다.

하지만 법이 그렇다고 해서 현실도 그렇다는 말은 아니다. 법은 최소한의 상식을 규정하는 것일 뿐이다. 공무원 시험을 치른 것도 아니고, 그 정부와 철학을 같이해서 특별히 채용된 별정직 공무원이 정부가 바뀌었는데도 사직하지 않는다는 것은 아무리 사차원이라고 해도 있을 수 없는 일이다. 자연스럽게 스스로 의원면직 신청서를 제출한다.

그리고 어공은 공무원 연금의 대상이 아니니, 그동안 급여에서 떼어내 납부했던 공무원 연금 적립금을 국민연금으로 전환하거나 일시불로 반환받는 선택을 한다.

그렇게 '어쩌다 공무원' 생활을 마감한다.

고발은 당해봐야 일 좀 한 거지

청와대에서 일하는 것은 영광스러운 일이지만, 매우 위험한 일이기도 하다. 진보·보수 정부를 막론하고 고소 고발이 난무하고 생각지도 못했던 일로 감옥에 가기도 한다.

"치아 몇 개는 빠져봐야 청와대에서 일 좀 하는 거지"라고 말할 정도로 대통령과 비서실장, 수석 등은 업무 스트레스로 치아가 많이 빠졌다고 하는데, 정말 무서운 것은 "고소, 고발은 당해봐야 청와대에서 일 좀 한 거지"라는 말이다.

문재인 정부 청와대는 언제나 검찰이 청와대를 호시탐탐 노리고 있다고 생각했기 때문에 모든 일을 항상 조심해서 절차대로 처리하고, 민감한 일은 진행 과정을 상세히 기록해 대통령기록물로 남기도록 노력했다. 그런데도 재임 기간이나 그 이후에도 고소, 고발과 검찰 소환은 피할 수 없는 일이 되었다. 여러 명의 장관들과 비서실장, 수석, 비서관에 이어 실무자인 행정관들까지 줄줄이 검찰로 소환되고, 대통령기록물은 오히려 수사 자료의 창고처럼 열람이 남발되고 있다.

독립기관이라는 감사원은 원장의 말대로 "대통령의 국정 운영을 지원"하기 위해서인지, 공직 사회 전반에 전례 없이 무자비한 전방위적 감사를 진행하고 있다. 실세라는 사무총장은 대통령실에 직보하고, 혐의가 발견되어서가 아니라 "혐의가 있는지 확인하기 위해" 공공 기관이 보유한 수천 건의 개인 정보와 고속도로 이용 내역, 공무원들의 기타소득 신고 자료까지 탈탈 털어갔다. 정책 결정 과정을 세밀하게 들여다보며 사후적으로 곡해하여 어떻게든 사소한 위법 사항이라도 찾아내려 하고, 서해 피살 사건이니 동해 살인마 북송 사건이니 들춰가며 안보 이슈를 확대하여 취약한 지지율 기반을 회복해보려 안간힘을 쓰고 있다. 업무를 처리한 사람들은 "내가 왜?"라고 반문하는 동시에 두려움에 떨며 줄줄이 소환되고 있다.

악한 거다. 이 정도면 단순히 정치적인 지향점을 달리하여 국가발전을 위해 경쟁하는 것이 아니라, 사안을 호도해 전 정부 사람을 옭아매는 것이다. 이건 정치 '보복'이 아니라 정치적 가해이고 폭력이다.

개인 비리로 한직에 밀려났던 사람들이 마치 문재인 정권의 정치적 탄압을 받았던 양 투사 행세를 하며 새 정부의 핵심으로 등장해 마구잡이 칼을 휘두르기도 한다.

부정한 돈을 받았다거나, 권력을 이용해 사익을 취했다거나, 국가와 국민들에게 고의나 중과실로 손해를 입혔다면 정확히 찾아내어 단죄하는 것이 옳다. 그렇지 않고 국면 전환용으로 안보 문제를 건드려 보수 정부의 지지율을 높이려 한다거나, 정책 결정의 모든 과정을 낱낱이 파헤쳐 사소한 절차적 위법 사항을 찾아 침소봉대하겠다고 한다면, 그것은 겉보기에 합법적일지 몰라도 실질적으로는 비열한 폭력에 불과하다.

부패가 아니라 정책 수행 과정을 문제 삼기 시작하면 어떤 정부도 적극적으로 현재를 변화시키고 개혁하는 일을 할 수 없다. 나라는 관행대로, 늘상 흘러가는 대로 놓아두고 승진 놀이, 자리 차지하기 놀이나 할 수밖에 없다.

청와대에 비교적 오래 근무했지만, 일을 열심히 안 했던 것인지 허드렛일만 한 것인지 몰라도 나는 아직 고소, 고발을 당하거나 수사기관에 소환되지는 않았다. 하지만 동료들은 하루 걸러 한 명씩 수사기관에 소환되고 압수수색을 당하고 기소당하고 있다. 청와대에서 일했다는 이유로 오해 또는 악의에 의한 지나친 공격을 받고 수사와 재판을 받는 동료들을 보면 너무나 안타깝다.

"잘못을 안 했으면 왜 재판을 받겠는가"라는 지극히 평범하고 상식적인 질문은, 우리나라에서는 순진한 질문에 불과하다. 수사기관이 의도를 가지고 정책 수행 과정을 처벌하고자 달려들면 살아남을 수 있는 고위 공무원이 과연 몇이나 있을까? 아무 일도 하지 않으면 살아남을 수 있으려나?

예컨대 청와대를 용산의 대통령실로 이전하는 과정을 지금의 사정 기관이 적용하고 있는 기준과 사법적인 잣대로 판단하면 과연 누가 살아남을 수 있을까?

✦

위대한, 혹은 초라한 유산

✦

✦

문재인 정부의 유산은 무엇일까? 인공지능 챗지피티^{ChatGPT}에 게 문재인 정부의 공과를 물었다.

커서가 한참을 버벅거리더니, 잘한 일로는 "디지털 기술 과 에너지 분야로의 성장 동력 전환, 사회복지 확대와 인권·성 평등 증진, 평화와 협력을 통한 한반도 비핵화 노력, 검찰의 권 력 남용과 부정부패를 막은 일" 등을 열거했고, 잘못한 일로는 "최저임금 인상으로 인한 일부 업종의 경제적 부담 증가, 대북 제재 강화라는 미국의 요구에 대한 조율 부진, 검찰의 자율성 이 과도하게 강화되면서 언론·정치권과의 갈등 심화" 등등을 이야기했다. 질문이 너무 포괄적이었는지 인공지능의 답변이 그리 정확하지는 않지만 그 취지를 해석해보면 대체로 고개를 끄덕일 수 있는 내용들이다.

다른 인공지능 빙^{Bing}에게는 문재인 정부가 가장 잘한 일과 가장 잘못한 일을 물었다.

"문재인 정부의 성과 중 가장 잘한 것은 코로나19 대응이라고 생각합니다. K-방역은 진단 검사, 추적, 격리 등의 방역 수칙을 철저히 지키고, 국민들의 협조와 참여를 바탕으로 하는 방식입니다. 이로 인해 한국은 다른 나라들에 비해 코로나19 사망률이나 심각도가 낮고, 경제적 타격도 상대적으로 적었습니다. 이러한 코로나19 대응은 문재인 정부의 공신력과 국제적 위상을 높이는 데 도움이 되었습니다."

"문재인 정부의 과오 중 가장 심각한 것은 부동산 정책이라고 생각합니다. 문재인 정부는 부동산 가격을 안정시키기 위해 여러 차례 대책을 내놓았지만 효과가 없었고, 오히려 가격 상승을 가속화시킨 것으로 비판받았습니다. 또한 임대차 3법 개정 등으로 인해 임대주택 공급이 줄어들고 임대료가 올라가는 현상도 발생했습니다. 이로 인해 저소득층이나 청년층 등의 주거권이 침해되고 있습니다."

내 머릿속 생각이 마치 '빙Bing'에 '빙의'한 듯하다. 문재인 정부는 국민의 안전과 평화를 최우선의 가치로 삼았고, 그 가치를 지키기 위해 부단히 노력했다. 코로나19라는 예상치 못한 전염병이 닥쳤지만 잘 대응했고, 국제사회에서의 신뢰와 위상 역시 선진국의 반열에 올랐다.

하지만 규제 일변도의 부동산 정책이 실패했고, 위기 극복을 위해 불가피했던 확장 재정 정책이 안 그래도 불이 난 부동산 가격 상승에 기름을 부었으며, 그로 인해 서민들에게 큰 박탈감을 안겨주었다.

무소불위의 검찰 권력을 견제와 균형의 원리에 따라 개혁하려 했지만 강력한 기득권을 이겨내지 못했고, 오히려 '검찰공화국'이 탄생하는 빌미가 되고 말았다.

거대 담론과 정책은 나의 소관이 아니었지만, 청와대 공무원으로 일한 4년 반의 긴 시간 동안 나는 국가와 사회에 도움이 되는 일을 한 것일까? 하루도 긴장을 늦추지 않고 맡은 소임을 다하겠다고 다짐하며 일했지만, 유능했는가? 잘했는가? 법을 처음 공부하던 젊은 시절에 꿈꾸었던, '공의가 강물같이 흐르는 세상'을 만드는 데 일조했는가?

다 적지 못해 부유물처럼 문득문득 떠오르는 생각들을 이제는 마음 깊은 곳으로 가라앉히고, 침잠해야 하는 시간이다.

✦

어느 광인의 이야기

✦

✦

마지막으로 10여 년 전 내가 맡았던 사건 하나를 소개한다.

한 남자가 있다. 그에게는 세 명의 사랑하는 동생들이 있었다. 미모가 빼어났던 첫째 여동생은 길거리에서 일본인에게 끌려간 후 소식을 알 수 없었다. 둘째 동생은 학도병으로 끌려가 남양군도에서 사망했다. 분노한 셋째 동생은 의병 활동을 하다가 사망했다. 그리고 그 남자는 어린 아들 둘을 두고 북해도 탄광으로 끌려가 강제노역을 하다 사고를 당해 몸과 마음에 상처를 입은 채 귀국했다.

비가 오는 날이면 그는 동생들을 찾으러 산으로 들로 나가 미친 듯이 돌아다니며 목놓아 울다 집에 들어와 어린 아들들을 때리기 시작했다.

"고모 찾아와라 이놈아, 삼촌 찾아내라 이놈들아!"

이성을 잃은 아버지의 성난 매질에 견디다 못한 그 남자의 큰아들은 집을 나가 생사를 알 수 없었다.

눈이 허벅지까지 내린 어느 날, 그 남자는 동생들을 찾으러 나간 들판에서 싸늘한 주검으로 발견되었다.

아버지를 잃고 어느 집 머슴으로 연명하던 그 남자의 둘째아들은 소죽을 끓이다 화상을 입어 손가락도 없이 살아갔다. 그리고 나라에서 강제징용 피해자에 대해 보상해준다는 소식을 듣고 정부 기관을 찾아다니며 혼자 소송을 하다, 법원에서 소송 비용을 지원해주는 소송 구조 결정을 받고 변호사 사무실을 전전하다 나에게까지 오게 되었다.

행정소송은 패소했다.

그가 강제징용을 끌려 갔다온 사실은 인정되지만, 그로 인해 장애를 입은 것까지는 입증할 증거가 부족하다는 이유에서였다. 북해도 탄광에서 맞아가며 일하다가 사고로 수술을 하고 돌아와 정신이 이상해진 사실을 알고 있다는 이웃의 증언만으로는 법원을 설득하기에 역부족이었다. 안타까운 소송을 이길 수 없었던 변호사의 무기력한 한계에 자책의 눈물이 흘렀다.

모든 개인의 비극과 슬픔의 인과관계를 국가와 정부의 탓으로 돌릴 수는 없다. 과거의 개인사에 묶여 국가의 외교가 미래로 나아가지 못하는 것이 바람직하지 않을 수도 있다.

하지만 나는 스스로에게 물어본다. 국가의 존재 이유는 무엇인가? 절대군주이든 민주적으로 선출된 권력이든, 권력의 존재 이유는 무엇인가? 당당한 독립국가, 삼권분립이 확립된 민주공화국 대한민국에서 대통령의 존재 이유는 무엇인가?

그 엄중한 책무를 죽을힘을 다해 묵묵히 감당했던 문재인의 시대를 지나, 이제 대한민국 대통령 윤석열에게 묻는다.

효자동, 삼청동, 창성동, 청운동, 통의동, 신교동……. 작은 공
간에 동네가 어찌 그리 많은지, 지리에 약한 나에게 낯설던 동
네 이름들이 익숙해지고 골목골목을 알게 될 무렵, 마치 먼 타
향으로 떠났다가 고향으로 돌아온 것처럼 서초동에 다시 자리
를 잡았다.

   글을 쓰면서도 세상에 내놓을 수 있을까 하는 의구심이
들었지만, 꾸역꾸역 생각나는 대로 적어본다.

   정작 보이지 않는 곳에서 자신을 희생해가며 중요한 일
을 해온 사람들은 가만히 있는데, 내가 청와대를 주제로 글을
쓰는 것이 맞나 싶기도 하여 적지 않게 고민도 했지만, 아무튼
저질러본다. 공무원 생활을 몇 년 하면서 체화된 자기 검열로

많은 부분을 삭제했지만, 그래도 의도치 않게 누군가 상처를 받을 수 있는 부분이 있는지가 가장 염려된다.

하지만 인생 뭐 있는가. 상처를 주기도 하고 받기도 하고 또 치유해가며 한 걸음씩 나아가는 것은 개인도 국가도 다 비슷한 과정일 것이다.

내가 경험한 문재인 정부 청와대는 권력을 마음껏 휘두르거나 무슨 정치공작을 하는 곳과는 전혀 거리가 멀었다. 그럼에도 불구하고 글을 쓰는 동안 동료들이 하루가 멀다 하고 조사 기관과 수사기관에 줄줄이 소환되고 재판을 받고, 정책 사안이 호도되어 힘들어하는 현실을 보며 서글픈 마음을 주체할 수 없다.

그래서 처음의 의도와는 다르게 좋은 추억들을 이야기하다가도 자꾸만 격해져 현 정부를 비난하는 말을 많이 토로한 듯하다. 그 부분을 반성의 시간과 성찰의 공간으로 채웠어야 하지 않을까 하는 아쉬움도 남지만, 부족한 대로 남겨둔다.

혹자는 전 정부 공직기강비서관이 현 정부를 그렇게 공격하면 화를 당할 수 있다고 염려와 조언을 하기도 한다. 책만 내도 압수수색을 하는 세상이니 과한 기우라 할 수도 없겠지만, 이제 우리는 국정을 책임지는 사람들이 아니니 권력을 가진 사람들을 감시하고 비판하는 몇 마디 거친 말은 하고 살 것이다. 여기는 사이비 도사의 나라가 아니라 민주공화국 대한민국이다.

언제쯤 우리는 상대를 옭아매 죽여야만 하는 야만의 정치에서 벗어나 조금이라도 건전한 경쟁적 관계로 국정을 운영할수 있을까? 난망한 일이다. 분단 체제의 많은 난관을 뚫고 만들어낸 역사적인 남북관계의 평화 분위기도 이제 당분간 대립과 긴장 관계로 바뀌어갈 것이다.

국민들이 깨어 있어도 좋은 지도자가 없으면 나라가 어려워질 것이고, 그 와중에도 충언을 하는 사람이 있으면 평화가찾아올 것이다. 큰 사고나 없이 한 시절이 지나가길 기원할 뿐이다.

어쨌든 나는 이제 민간인이다. 다시 변호사로 세상 누군가와 법률적인 다툼을 시작할 것이고, 그것 또한 힘든 누군가와 함께하는 일이니 청와대에서 나라의 일을 하는 것만큼이나즐겁고 의미 있는 일이다.

'어쩌다 공무원' 생활의 추억을 마무리하며, 문재인 정부를 지지해준 국민들과 동료들에게 힘내자고 인사드리고 싶다.그리고 엄혹한 시기에 선뜻 졸고의 출간을 허락해주신 갈마바람 출판사에도 깊은 감사의 말씀을 드린다.

"누가 무엇으로 사실을 뒤바꾸려 해도 문재인 정부 청와
대는 많은 국민들과 대한민국에 즐거운 추억이었고, 그 추억
으로 우리는 힘든 날들을 버텨나갈 것입니다."

어쩌다 청와대 공무원

문재인 정부 공직기강비서관의 청와대 이야기

2023년 8월 10일 초판 1쇄 발행

지은이 이병군

펴낸이 이제용 | 펴낸곳 갈마바람
등록 2015년 9월 10일 제2019-000004호
주소 (06775) 서울시 서초구 논현로 83, A동 1304호(양재동, 삼호물산빌딩)
전화 (02) 517-0812 | 팩스 (02) 578-0921
전자우편 galmabaram@naver.com
블로그 blog.naver.com/galmabaram
페이스북 www.facebook.com/galmabaram

편집 오영나 | 디자인 이새미
인쇄·제본 다다프린팅

ⓒ 이병군, 2023

ISBN 979-11-91128-04-8 03340